U0549428

高等教育

教育理论与实践研究前沿

国际高等教育协同创新与人才培养比较研究

苑大勇／著

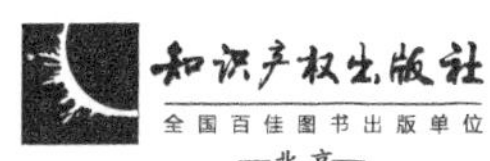

知识产权出版社
全国百佳图书出版单位
—北京—

图书在版编目（CIP）数据

国际高等教育协同创新与人才培养比较研究 / 苑大勇著 .—北京：知识产权出版社，2020.10

ISBN 978-7-5130-7215-1

Ⅰ.①国… Ⅱ.①苑… Ⅲ.①高等教育—人才培养—研究—世界 Ⅳ.① G640

中国版本图书馆 CIP 数据核字（2020）第 185938 号

责任编辑：王颖超 **责任校对：**谷 洋

文字编辑：赵 昱 **责任印制：**孙婷婷

国际高等教育协同创新与人才培养比较研究

苑大勇 著

出版发行：知识产权出版社有限责任公司 **网 址：**http：//www.ipph.cn

社 址：北京市海淀区气象路 50 号院 **邮 编：**100081

责编电话：010-82000860 转 8655 **责编邮箱：**wangyingchao@cnipr.com

发行电话：010-82000860 转 8101/8102 **发行传真：**010-82000893/82005070/82000270

印 刷：北京九州迅驰传媒文化有限公司 **经 销：**各大网上书店、新华书店及相关专业书店

开 本：880mm × 1230mm 1/32 **印 张：**8.5

版 次：2020 年 10 月第 1 版 **印 次：**2020 年 10 月第 1 次印刷

字 数：183 千字 **定 价：**49.00 元

ISBN 978-7-5130-7215-1

前 言

当今社会，创新是引领科技和社会发展的重要动力，培养创新人才是中国高等教育的重要使命，已经成为重要的国家发展战略。2012 年 5 月，我国正式启动实施《高等学校创新能力提升计划》，也就是“2011 计划”，这是我国高等教育领域国家意志的战略性计划，也是推进高等教育内涵式发展的重大行动。2015 年 8 月，中央全面深化改革领导小组会议审议通过《统筹推进世界一流大学和一流学科建设总体方案》。同年 11 月，国务院印发《统筹推进世界一流大学和一流学科建设总体方案》，对新时期高等教育重点建设作出新部署，将“211 工程”“985 工程”及“2011 计划”等重点建设项目统一纳入世界一流大学和一流学科建设，统筹推进建设世界一流大学和一流学科，这标志着中国的高等教育进入了“双一流”建设时代。

从国际层面来看，协同创新理念的兴起与经济全球化、知识社会发展密切相关，协同创新是以人才、学科、科研三位一体创新能力提升为核心任务，以创新发展方式为主线，通过科研任务牵引，推动转变高校创新发展方式，促进高等教育质量的提高，进而促进中国经济社会的转型发展。协同创新理念在企业组织应用比较广泛，逐渐发展到高等教育领域。基于协同学理论的协同创新理念，从创新的概念发展出发，注重突破主体间的壁垒，在人才、资本、信息与技术上进行合作。西方高等教育领域在应用协同创新理念方面取得了很重要的成就，在合作平台建构、组织结构设计、运行机制建立、经费资源提供等方面都存在着共同的因素，为其他国家的协同创新发展提供了优秀的实践经验与借鉴模式。

本书以国际化的视角，通过比较研究的方法对以色列、澳大利亚、新加坡、美国等国家的创新人才培养进行论述，在各国创新人才政策内容分析的基础上，探索制定符合人才成长规律和科学研究活动规律的政策工具。通过对协同创新的语义分析及核心概念的关注，对其发展脉络进行梳理，总结和分析协同创新的政策，提出协同创新以及科教结合育人的发展模式。在此基础上，进行问卷方式的实证研究，采用问卷调查和重点人物访谈相结合，对当前我国高端人才培养，尤其是博士生培养的现状和问题进行研究。在高等教育协同发展的背景下，博士生的培养是科教结合人才培养的重要成果，博士生的培养过程本身就是科学研究和即时创新互相促进的过程，博士教育作为重要的人才培养形式，了解其培养的目标、动机、政策，以及通过量化的发展进行系统的梳理，可以深入了解科教结合的内在发展要素，为当前的科教融合与协同创新发展的政策和模式提供重要参考。

目　录

第一章　高等教育协同创新发展的背景

从国际经验来看，以高水平科学研究支撑高质量高等教育是高等教育强国建设的重要经验。高等教育作为科技第一生产力和人才第一资源的结合点，在国家创新中发挥着基础性、源头性作用。从根本上而言，培养拔尖创新人才是高校最古老、最核心的职能，也是高校与其他社会组织互动与深度融合的纽带。不过，伴随着人才培养标准的日益多样化，高水平人才的培育已超越了高校自身的范畴，需要其他社会组织的广泛参与和协作，以更好地促进教育与科技、教育与经济社会发展的深度融合。

一、协同创新研究的背景

（一）科研与人才培养之间的互动

面对国际范围内日益激烈的对高水平人才的争夺，尽管我国的人才培养规模和水平在稳步提升，但仍然面临着两个关键问题：一是拔尖创新型人才缺乏，导致科研的战略性和前瞻性不足；二是科技与经济发展急需的创业型人才不足，科技与经济、科技与教育两张皮的问题没有得到真正解决。究其原因，在于科学研究与人才培养没有形成良性互动的局面，以高水平科学研究支撑高质量高等教育的能力亟待加强。因此，对科学研究支撑人才培养的互动机制进行研究，有利于解决高校封闭、低效、分散以及人才培养质量不高的问题，也是探索以高校为主、多元参与的创新人才培养模式的重要方面，二者的有效结合对高校的科学研究、高校的教育和改革以及整体发展都具有示范作用，而协同创新范式或将是解决这一问题的有效途径。

（二）高等教育协同创新理念的提出

20世纪60年代，安索夫（H.I.Ansoff）在《公司战略》（*Corporate Strategy*）一书中首次提出协同概念，用以分析企业在多元化业务中，如何有机联系以有效利用现有资源和优势实现战略目标。[1]协同（Synergy）是使系统内部各要素向有序转化的一种形式，各子系统从无序走向有序，关键在于系统的协同作用，而协同的本质在于价值的创造。[2]协同作用是任何复杂系统本身所固有的自组织能力，是形成系统有序结构的内部作用力，是系统有序结构形成的内驱力。[3]协同主要是让各子

---

[1] H.I.Ansoff.Corporate Strategy［M］.New York：McGraw-Hill，1965.

[2] Mar' yan M，Szasz A，Szendro P，et al. Synergetic Model of the Formation of Non-Crystalline Structures［J］.Journal of Non-Crystaline Solids，2005，351（2）：189 -193.

[3] Paul Milgrom，John Roberts.Complementarities and Fit Strategy，Structure，and Organizational Change in Manufacturing［J］.Journal of Accounting and Economics，1995，19（2-3）：179-208.

系统相互协调、配合，相互促进，从而形成系统的有序结构，提升创新与环境变化的适应能力。

从创新系统的演进来看，创新范式经历了开放式创新、创新生态系统到协同创新的演进。协同创新作为一项更为复杂的创新组织方式，其关键是形成以大学、企业、研究机构为核心要素，不同的机构在大学中协同互动的创新模式，并通过复杂的相互关系，促进经济、社会、大学以及学生的发展能够比较好地融合。在科技经济全球化的环境下，实现以开放、合作、共享的创新模式，被实践证明是有效提高创新效率的重要途径。[1]对大学而言，只有形成各类科技创新主体紧密联系和有效互动的社会系统，才能更好地培养创新人才和提升基础研究水平。

协同的概念虽已提出半个多世纪，但将协同创新的理念应用于高等教育领域，尤其是用它来系统地理解科学研究与人才培养的互动机制的研究还相对较少。从概念上而言，协同不等于合作，它强调双方深度和长久的互动，这一互动能为各方创造额外的利益。目前，尽管我国一些职能部门以及很多学者已经逐渐意识到了它的重要性，但目前还基本停留在理论阐述阶段，对二者互动的具体协同机制尚无深入研究，这也限制了相关政策的制定和科教结合实践的开展。

（三）高等教育协同创新研究的综述

科研与教学和学习的结合是近代高等教育的一个基本特

---

[1] 陈劲 . 协同创新与国家科研能力建设［J］. 科学学研究，2011，29（12）：1762–1763.

征，研究与教学的关系是现代高等教育当中最为重要的一对关系，学术研究使科学与高等教育联姻，给大学带来了声誉并成为研究者在社会中的重要任务。伯顿·克拉克在其主编的《研究生教育的科学研究基础》[1]以及《探究的场所——现代大学的科研和研究生教育》[2]等书中，通过对法国、德国、日本、美国、英国等国家的科学研究与研究生教育的关系进行跨国比较研究，认为美国研究生教育和科学研究的结合是美国建设教育强国和经济强国的关键要素。克拉克认为研究本身就是一种重要的教学方式，同时也是一种重要的学习手段。对于大学教师而言，应该通过使学生参与科研来训练他们，教授的作用在于把科研和教学结合起来——让科研活动成为一种有效的教学模式，研究、教学和学习三个环节是联系在一起的，因而克拉克提出了“研究—教学—学习联结”（Research-Teaching-Study Nexus）的概念，形成了把三者合拢起来作为促进知识生产的一个无缝网络。

研究生教育，尤其是博士教育的重要性沿着两条线路展开。首先，博士教育培养了大量实施创新的主体，即高质量的研究人员和学者；其次，博士生的科研活动能够促进科学的创新，他们通过直接参与科研项目进行原创性研究和知识创造。毕业后，他们将博士教育期间所获得的前沿知识传播到工业或学术领域，成为知识传播的重要媒介。事实上，博士生在读期

---

❶ ［美］伯顿·克拉克．研究生教育的科学研究基础［M］．王承绪，译．杭州：浙江教育出版社，2001.

❷ ［美］伯顿·克拉克．探究的场所——现代大学的科研和研究生教育［M］．王承绪，译．杭州：浙江教育出版社，2006.

间的学术贡献也越来越被学术界所关注，他们甚至已经成为科学研究的重要生力军。

博士生是知识生产环节的生力军。杰姆斯（James）等人通过对美国100多所研究型大学的数据分析发现，在其他变量稳定的情况下，大学教师的研究生产力（可以用出版物或引用率来测量）与一所大学博士生数量的多寡有着紧密的关系。[1] 马斯库斯（Maskus）等人利用国家统计年鉴的研究也发现，保持其他变量不变，科学和工程领域博士生数量的增加与专利申请、大学获得的专利和非大学获得专利的数量增加有着紧密的联系。[2] 美国学者罗纳德·恩伯格（Ronald Ehrenberg）在其2006年所主持的博士毕业生的大型调查中涉及博士生的科研产出问题。根据他们的问卷调查结果，有40%的博士生在读期间至少出版了一本书或发表了一篇同行评议的期刊论文。也有许多研究者从多个角度论证了博士在读期间的学术表现与博士毕业后的学术产出有着极为密切的联系。[3]

---

❶ James D.Adams, John Marsh, J.Roger Clemmons.Research, Teaching and Productivity of the Academic Labor Force [M]. New York: Department of Economics at Rensselaer Polytechnic Institute, 2005.

❷ Gnanaraj Chellaraj, Keith E.Maskus, Aadita Mattoo.The Contribution of Skilled Immigration and International Graduate Students to U.S Innovation [M].Boulder: University of Colorado Boulder, 2005.

❸ Ronald Ehrenberg, George Jakubson, Jeffrey A Groen, Eric So, Joseph Price. Inside the Black Box of Doctoral Education: What Program Characteristics Influence Doctoral Students' Attrition and Graduation Probabilities? [J].Educational Evaluation and Policy Analysis, 2007, 29 (2).

二、协同创新的核心概念与研究价值

本研究重点关注了博士生培养的问题。在高等教育协同发展的背景下，博士生的培养是科教结合的主要形式，博士生的培养过程本身就是科学研究和及时创新互相促进的过程，博士教育作为重要的人才培养形式，了解其培养的目标、动机、政策，以及通过量化的发展进行系统的梳理，可以深入了解科教结合的内在发展要素，为当前的科教融合与协同创新发展的政策和模式提供重要参考。

（一）协同创新的内涵

从创新系统的演进来看，创新范式经历了开放式创新、创新生态系统到协同创新的演进。协同创新作为一项更为复杂的创新组织方式，其关键是形成以大学、企业、研究机构为核心要素，以政府、金融机构、中介组织、创新平台、非营利性组织等为辅助要素的多元主体协同互动的网络创新模式，通过知识创造主体和技术创新主体间的深入合作和资源整合，产生1+1+1>3的非线性效用。[1]在科技经济全球化的环境下，实现开放、合作、共享的创新模式，被实践证明是有效提高创新效率的重要途径。对大学而言，只有形成各类科技创新主体紧密联系和有效互动的社会系统，才能更好地培养创新人才和提升

[1] 陈劲，阳银娟. 协同创新的理论基础与内涵［J］. 科学学研究，2012，30（2）：161–164.

基础研究水平。

本研究中的协同创新主要指各创新主体，包括高等院校、科研机构、企业等，突破体制机制壁垒，在人才培养中利用各自的优势资源，共同致力于创新人才的培养，推动我国教育与科技、教育与经济社会发展的紧密结合，解决高等院校、科研机构、企业等各方面创新力量自成体系、分散重复以及整体运行效率不高的问题。

（二）科教结合的内涵

科教结合的含义丰富，包括较多的内容。在本研究中，科教结合有两层含义。一是高校应该将科学研究的最新成果快速转化为教学内容，能够让学生获知相关研究领域的最新研究进展，并培养学生捕捉国际前沿研究热点的基本技能，这既是基本的科研素养，又是科研创新的前提，尤其是在博士层次的研究生培养过程中，要将学生的培养与科研发展的前沿结合，实现科研和教学的双重目的。二是在具体的人才培养模式上，应通过机制体制创新，消除人才培养的跨部门、跨机构甚至跨界的壁垒，促进学生的流动，实现多部门协同培养，并且在具体的实施过程中，培养方案和相关制度设计能够满足科学发展和学生培养的双重需求，为高等教育的改革提供发展的思路。

（三）协同创新的研究价值

首先，国家科技创新的需要。2020 年世界范围内发生了新冠肺炎疫情，中美之间的博弈不断升级，以华为公司为代表的中国企业遭到了以美国为首的西方国家的制裁和限制。若要在激烈的国际竞争中让中国自身的科技发展变得更加有竞争力，就更要掌握科技发展的前沿动态，使中国的科技创新力保持在世界的前列，更要建立创新性的高等教育人才培养制度，将科技的发展与创新人才的培养紧密结合，才能应对未来科技领域更多的冲击和博弈。

其次，高等教育自身发展的需要。中国的高等教育人才培养还存在一些弊端，大学一度只关心学术成果，而不关注成果的转化，也不关注成果在市场中的应用，即存在高校、企业和市场之间存在脱节的现象。在当前的社会发展环境中，高等教育的人才培养需要改革，重要的思路就是要将教学、科研、市场进行深度融合。

最后，本研究既关注国际范围内的高等教育协同创新，也对中国的博士培养进行深入研究，深入了解国内外协同创新的发展情况，为中国的高等教育决策提供建议和参考。

三、协同创新发展面临的改革挑战

（一）高等教育发展人才培养亟须适应时代变迁

随着第四次工业革命袭来，中国迫切需要建立起现代化的高等教育新体系，培养高层次的创新人才。高等教育的发展，要将产业革新、国家战略和创新人才的培养紧密联系在一起。

对于创新人才的培养，既要有扎实的专业知识基础，引导学生了解产业发展前沿和未来发展趋势，也要大力推进应用型人才的培养，特别是面向新兴产业的高层次技术创新人才；要重视复合型人才的培养，通过校企产学深度融合，培养学生兼具技术研发和技术应用的一体化能力和素养，通过深化课程与教学改革，提升学生的主体意识和创新思维，最大限度地激发学生的学习和发展潜能。在全球第四次工业革命浪潮的推进下，中国的高等教育必将不断推进现代化步伐，构建与“工业 4.0”相呼应的“高等教育 4.0”新体系，以适应国家战略和产业发展需求，回应并引领时代变革。

（二）高等教育人才竞争愈发激烈

在如何培养高水平创新人才方面，不同的教育哲学倡导不同的教育实践，不同的高等教育传统和历史也孕育了不同的人才培养模式，因此各个国家在如何培养科技创新人才方面也有着差异化的实践和经验。然而，近十余年来，伴随着全球化和知识经济向纵深化发展，高端人才日益成为国家实现科技创新和经济发展的核心竞争力，各个国家为争夺高科技人才而展开的人才竞争愈演愈烈。在这一过程中，发达国家凭借其先发优势，例如发达的经济环境、丰富的科研资源和良好的科研传统等，在吸引国际高层次人才方面具有天然的优势，而发展中国家则普遍处于较为不利的境地。

（三）创新人才教学方面的改革矛盾

近年来，一些发展中国家也通过积极的公共政策和高等教育改革措施，逐渐扭转了人才流失的局面，并努力从人才环流（Brain Circulation）中获得科技创新和经济发展所需的人才、知识和技术资源。在这方面，中国是一个成功的例子。目前，中国高端人才战略的基本逻辑主要沿着两个方面进行。首先，通过公共政策吸引国际高水平人才，尤其是海外华人和留学生归国，并为其回归提供一定的便捷条件；其次，我国具有丰富的人才储备，如何实现人才大国向人才强国的转变，则需要对当前高校人才培养模式进行改革，释放人才红利，而科学研究与人才培养的结合，即科教结合是实现这一转变的有效策略之一。在高等教育的实践过程中，如何处理教学与科研的关系一直是一个重要的命题。大学具有高水平的师资力量、重要的科研成果、丰富的科研资源和优越的研究条件，应在培养创新性人才中承担主要责任。如何在研究型大学中建立科研与教学协调发展、科研促进教学的机制与体制，充分利用科研优势提高创新型人才培养质量，成为长期以来需要解决的关键问题。教学与科研尽管同为高校的重要职能，但其对社会发展的作用方式、时间效应及其成果表现形式都不尽相同，一方面，相对于科研，人才培养的复杂性和长期性导致个体在科研成果中所发挥的作用难以体现，出现了“重科研、轻教学”的现象；另一方面，创新型人才的培养需要科研实践，课堂远离科学研究不仅使前沿知识难以快速传播，也使学生缺乏科学思维和意识，出现了科研与教学割裂的现象。因此，必须在政府投入政策、科研经费使用制度、高校评价与考核机制以及教师激励机制等方面实施改革，促进科研成果向教学资源的转化，激发教师将科研与教学融合的积极性，实现高水平科学研究与高质量人才培养的相互支撑，解决当前我国高校普遍存在的科研与教学相对立的倾向。从政策角度来讲，如何把高校科研优势转化为教学内容，利用协同创新机制培养创新人才正是本研究的创新点。

第二章　高等教育协同创新理念建构与演进*

协同创新理念的兴起与经济全球化、知识社会发展密切相关，企业组织应用比较广泛，逐渐延伸到其他机构，尤其是高等教育领域。基于协同学理论的协同创新理念，从创新的概念发展而来，更加注重突破主体间的壁垒，在人才、资本、信息与技术上进行合作。而西方高等教育领域在应用协同创新理念方面取得了很重要的成就，在合作平台建构、组织结构设计、运行机制建立、经费资源提供等方面都存在着共同的因素，为其他国家的协同创新发展提供了优秀的实践经验与借鉴模式。在我国推进协同创新的进程中，需要借鉴国外的先进经验，结合已开展的协同创新实践，在心理层面上去除约束，在制度设计上去除障碍，提供相应的政策保障，继续进行完善与改进。

2011 年 4 月 24 日，胡锦涛同志在庆祝清华大学建校 100 周年大会上特别强调，高校要在“积极提升原始创新、集成创

* 本章部分内容已在《高校教育管理》2015 年第 3 期上发表。

新和引进消化吸收再创新能力”的同时“积极推动协同创新”，这一重要论述对于我国深入实施科教兴国战略、建设创新型国家具有极为重要的指导意义。在当前的社会经济发展中，对于创新理念的提倡以及创新机制的建立已被提到重要的日程上来。从单个学科的创新发展，到融合多个学科进行跨学科、跨行业的创新，打破原有的学科界限，重视在多元化、开放的环境中促进创新。面临知识经济发展，全球化进程加深社会的融合程度，如何应对这些新趋势与新挑战，改变自身的发展战略，在转型发展中获得成功，通过技术创新与理念来推动经济发展已成为当务之急。以企业为主导的社会经济体始终在创新领域走到最前面，其主张的协同创新战略，在面临多变的经济环境与条件中取得了重要的成就。企业内部组织之间的协同合作，资源的整合，对于效益的注重与提升，起到使企业创新水平得以提升的目的。企业组织以及研究机构所倡导的协同创新理念逐渐延伸到高等教育领域，促使高校与研究机构、企业组织的合作，建立有效共赢的协同创新机制。这种做法克服了原有合作机制的弊端，打破各自为政的局面，创新的理念也在心理机制上进行渗透，为未来的协同创新发展提供机制与心理上的保障。

一、协同创新理念起源的要素分析

协同创新理念的提出，受到一系列经济、社会、文化因素的影响，未来发展所带来的挑战与刺激也将在一定程度上对该理念的发展起到作用。在潜在的危机之前，无论从意识上，还是机制上，多数企业都能产生应激性的反应。起源于企业组织的协同创新理念，就是对这一系列危机的回应。

（一）协同创新的理念与经济形势紧密联系

随着经济全球化的发展进程加快，世界经济格局发生激烈的变化，以知识为载体的经济与社会发展，使得知识创新成为提升竞争力的重要手段。创新成为经济发展的动力，尤其是在知识与技术的创新上，创新成为促进经济发展的核心要素。在这个过程中，科学技术日益成为经济社会发展的驱动力，科技创新与产业发展之间高度融合，促进知识经济与信息化之间的转换。国家之间为了掌握国际竞争的主动性，纷纷把深度开发人力资源，实现创新驱动发展作为战略选择。面对知识经济发展与全球化进程加快，加强创新人才培养，促进创新战略的实施，以及推进以协同创新理念为主导的经济发展，成为目前的重要策略。从经济背景因素来看，外在的竞争压力促使经济主体的行为与策略改变，适应者生存理念得到验证，我国所要做的是跟紧时代发展趋势，掌握竞争的主动地位与优势。

（二）创新成为企业可持续发展的重要因素

从企业组织以及相应机构的具体实践经验来看，崇尚创新与发展的理念贯穿整个组织文化中，促进可持续发展成为企业发展的重要动力。企业在发展过程中，应注重创造新的生产力，节约生产成本，从整体上提升经济效益，然后在组织内部进行有效分工与协作，进行多元化经营，享受这种分工与合作带来的益处。经济发展所带来的竞争环境以及不断更新的尖端技术，促使企业不断创新，企业组织在面临内外部所带来的挑战与竞争时，需要进行持续性的创新发展以及资源有效整合。企业尤其重视在内部组织里进行协调与合作，利用协同发展理论，在组织之间进行创新管理。这种调动组织发展动力与有效资源整合的机制，将公司的独特优势转化为竞争优势，从而提高组织的技术创新绩效。兴起于企业组织的协同创新与协同发展理论，为其他机构提供良好的建议，带动了一系列组织的协同创新发展，并逐渐延伸至高等教育领域。

（三）高等教育的发展需要新的创新模式支持资源整合

高等教育的创新发展需要新的模式，这种模式与原有的专业分隔、各自为政的局面有所不同，需要克服原有机制所带来的弊端与局限。兴起于企业组织以及其他部分的协同创新发展模式，为高校的发展带来了值得借鉴的经验，也让高校反思自身存在的问题。协同创新意味着多个主体间合作平台的展开，需要有一个共同的实施基础与平台，让多个不同部门在其中进行协作。从现实状况来看，以合作以及联盟的形式存在的组织，在具体实施中，存在着较多的风险与问题。首先，成员之间不信任，导致知识与技术创新效率过低的问题。其次，高校在创新发展中，依托专业发展背景，形成条块化发展模式，创新成果的应用比较低，与外在的研究机构以及企业组织协作很少，因而造成技术创新仍然停留在理论层面，很难将创新理念

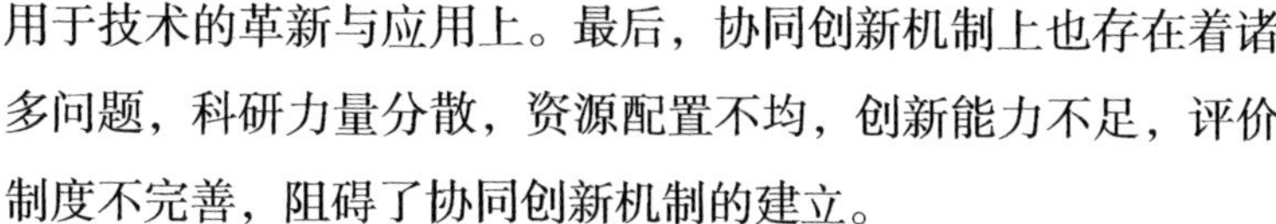

用于技术的革新与应用上。最后，协同创新机制上也存在着诸多问题，科研力量分散，资源配置不均，创新能力不足，评价制度不完善，阻碍了协同创新机制的建立。

二、协同创新理念的核心理念

协同创新理念的提出与创新理念的发展密切相关，协同创新理念建立于创新理念之上，对于创新的基本概念与所包含的内容进行了延伸，在实现的形式以及路径上进行了扩展。协同创新理念适应新时期社会、经济发展的需求，促进组织效能的提升，将多元利益相关者整合到创新进程中，对于创新进程与资源整合发挥效用。协同创新理念包含以协同学为基础，建立围绕创新过程的协同机制，改进创新的效能，其中蕴含着一系列的核心理念。

（一）从创新到协同创新的应用

创新的理念先于协同创新理念提出，从创新到协同创新的发展经历了长时间进程。最初提出创新概念的是经济学家约瑟夫·熊彼特（Joseph Alois Schumpeter），他是创新理论的奠基人。在其创新理论中，创新是指建立一种新的生产函数，即把一种从来没有过的生产要素或生产条件的“新组合”引入生产体系。这种创新的概念具有两个重要特征：其一，包括各种以提高企业资源配置效率的新活动，与技术存在着密切关联；其二，创新的实质是企业家对生产要素的重新组合，即对资金、技术、设备、人员等生产要素的重新组合以实现创新。从创新的基本概念出发，此后的发展重视技术方面的创新以及制度方面的创新，从而推动创新理念的发展。

创新的概念出现后，带动了技术与制度方面的革新发展，经历长时间不断持续改进的过程。首先通过技术推动模式，以知识的创新来推动技术的创新，发展到注重需求对创新的作用，市场需求引导与制约创新的发展，再到创新过程模型，倡导技术推动与市场需求对于创新发展的影响。创新进而发展到整合模型阶段，开始摒弃线性思维，引入集成观和并行工程观，将技术创新视为多路径、多回路、各环节并行的过程。在现今以及未来的发展趋势上，创新模式将形成以系统集成与网络化为核心，以对顾客需求的快速响应为目标的创新网络系统。在这个过程中，不仅要形成职能的整合，还要实现跨组织的集成，系统集成以及网络化也构成了协同创新的基本特点。

在经历上述阶段的发展之后，协同创新的理念迅速浮现在人们的眼前，对前述的创新理念进行延伸与发展。关于协同创新（Collaborative Innovation 或 Synergy Innovation）的概念，大多主张是美国麻省理工学院斯隆中心的研究员彼得·葛洛（Peter Gloor）最早提出的定义，即由自我激励的人员所组成的网络小组形成集体愿景，借助网络交流思路、信息及工作状况，合作实现共同的目标。[1]对于协同创新理念的应用，多为组织内部形成的知识分享机制，参与者拥有共同目标、沟通

---

[1] Collaborative Innovation Network［EB/OL］. http：//en.wikipedia.org/wiki/Collaborative_innovation_network.

与发展动力，依靠现代信息技术构建资源共享平台，进行多方位的协作。由此可见，创新的发展历程从早期的原始创新，注重技术的演化与革新，到集成创新，利用已有创新成果进行选择与优化，再到协同创新，注重资源共享平台上的知识创新与应用。

（二）基于协同学的协同创新理念

协同创新的理念建基于协同学的理论之上，“协同”一词指齐心协力、互相配合的意思，该概念最早于20世纪70年代出现，由德国学者赫尔曼·哈肯（Hermann Haken）在系统论中提出。哈肯将协同定义为关于各类系统的各部分之间互相协作，结果整个系统形成一些微观个体层次不存在的新结构与特征。[1]由此，在系统中各个因子系统相互协调、合作，联合产生作用于行为，结果产生1+1>2的协同效应。后来的学者将协同的理念应用到管理中，扩大企业之间的资源共享和协作运营。安索夫将协同视为公司战略要素之一，认为协同使企业整体价值大于部分价值的总和。在企业组织中实行协同发展，可以促进资源的共享，使价值的效益得到扩展，对知识与技能进行共享，最明显的效益是减少成本的支出，使组织在竞争中具备成本优势。

同时，还有一些研究者将协同应用到创新领域中，协同学的理论主张元素对元素的相干能力，表现元素在整体发展运行

---

[1] ［德］赫尔曼·哈肯. 协同学：大自然构成的奥秘［M］. 凌复华，译. 上海：上海译文出版社，1995：13–15.

过程中协调与合作的性质。组织通过自身以及外部创新要素创造新价值，促使人才流动和知识的创造与扩展，建立开放式的创新模式。建立于协同学理论之上的协同创新，利用在企业组织中获得成功的经验，将协同机制的原理应用到创新领域中，强调机构内部、机构之间对于资源的共享，包括知识与技术，将不同部门进行有效整合，形成一个有机整体，发挥出优异的整体效能。

（三）协同创新的核心构成内容

协同创新的理念首先在企业组织兴起并得到有效利用，在长效机制的建立中产生很重要的作用。对于协同创新核心理念的探究，主要包括其构成的框架与内容，以及对于企业发展所产生的影响。协同创新的发展中，企业与外部环境之间相互制约，同时也相互影响，通过复杂的非线性相互作用，产生单个企业无法实现的整体协同效应。如同系统理论所阐述的，企业进行协同创新如同典型的系统自组织过程，与外界进行物质、能量与信息的交换，在企业内部以及机构之间形成协同创新体，利用丰富的资源，提升自身的竞争力。

企业在推动发展上面临着一系列因素，在提出的模型中，企业包括自身以及外围因素，自身因素包括战略、组织、文化以及制度，外围因素包括技术革新与市场需求。而这些因素之间紧密联系，企业在发展上需要协调这些因素之间的关系，建立完善的网络。创新的发展是构建企业核心竞争力的重要因素，技术创新与制度创新上需要进行内部的有效协调，包括技术协调与发展路径，还有企业的技术与管理技能，成为一种制度化的相互依存，建立不断创新的知识体系（见图 2-1）。

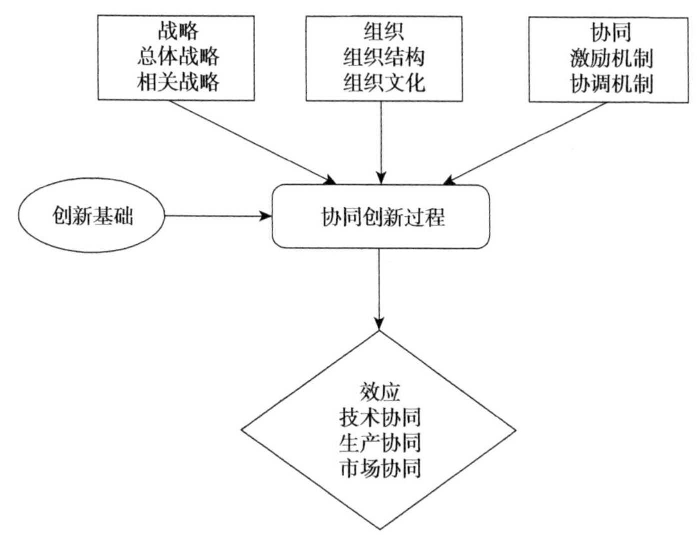

图 2-1　企业组织的协同创新过程

由于企业所面临的环境变化以及创新速度的加快，企业开始采用协同创新的模式推动企业竞争力的发展。企业在协同创新的过程中，建立于原有知识创新的基础上，这些创新基础成为协同创新的基点。围绕企业的组织层面，包括组织结构、组织文化的构建上，为创新发展提供组织上的支持。在战略的选择上，围绕协同创新建立总体战略与相关战略，突出创新发展战略的应用。建立协同创新机制进行自组织的更新，包括建立激励机制与协调机制。在协同机制建立的基础上，让创新发展突破原有的局限，调集多样化的资源进行应用，在更广阔的范围内有效利用、协调创新活动，提升企业的竞争优势。

企业在应用协同创新上，着重于在创新过程进行革新，突破传统的边界，使企业从自身的局限中脱离出来，开展跨机构的合作，建立战略联盟体系，从而提升创新的效能。从创新的发展历程来看，协同创新经历了一个由浅入深的过程，最终完成相互共享的进程。企业创新利用伙伴间物质、信息资源的共享，在交易与合作中共同协同，降低创新的成本，提高企业的收益，利用企业间的协同，影响未来的市场竞争格局。同时，组织内部与组织之间达成资源共享协议，实现项目之间的合作，形成协同创新机制，进行利益方面的协调。在新的合作联盟基础上，确认机构之间的利益范围与责任边界，设定风险分担与利益分配机制，使协同创新不同于传统的合作机制，而是能够建立协同创新的网络模式。

三、高等教育领域内协同创新理念的借鉴

协同创新的理念从企业组织向其他部门传播，并在很多领域得到了有效应用。尤其是在高等教育部门，协同创新理念与先进的科学研究密切相关，在推动科技与社会的创新发展上起到举足轻重的作用。将协同创新放大到宏观层面，主要是将产学研结合起来。企业、大学以及研究机构在这个过程中，各自投入优势资源与能力，在其他机构的支持之下，尤其是资金与资源方面的支撑，然后进行技术与知识的协同创新。这种创新活动不能等同于之前部门之间的合作形式，创新的管理模式、

运作方式都存在着明显的不同，从战略的高度进行有效策划与实施具有重要意义。

从高等教育领域对于协同创新理念的应用来看，早期的曼哈顿工程就具有初步的模式，将不同部门的工作者进行有效协同，整合到一个公共的平台上进行创新研究与活动。接近于现阶段协同创新特征的案例有美国斯坦福大学的 Bio-X 项目、硅谷产学研“联合创新网络”、北卡罗来纳州三角科技园，瑞典乌普萨拉的 Bio 研究项目，欧盟在 2007—2013 年推动的创新集群项目。[1] 从这些协同创新的案例分析来看，在推进协同创新模式的发展进程中，具有一些共通的特征，在合作平台建构、组织结构设计、运行机制建立、经费资源提供等方面都存在着共同的因素，为其他国家的协作创新发展提供了优秀的实践经验与借鉴模式。

（一）基于不同领域的合作平台建构

从一系列的协同创新实践状况来看，首要的是促进多个不同学科领域的协作。在这个过程中，需要建立一个共同的合作平台，在平台上可以进行自由的交流与合作，将不同的学科知识与技术融合于其中。若要容纳不同领域人员的参与，需要构建开放式的文化环境，注重学科发展前沿的学术创新氛围。从实践经验来看，构建良好的创新文化氛围，可以打破学术之间发展的壁垒，尤其是人为的体系分隔，建立良好的沟通渠道，扩大学术团队的自主权，允许研究人员在公开的合作平台上进

[1] 张力．产学研协同创新的战略意义与政策走向［J］．教育研究，2011（7）．

行自由的创新。在一些具体的案例中，例如“二战”期间美国进行原子弹研发的“曼哈顿计划”集中了多个学科领域的专家，包括高等教育机构、科研机构以及相关企业部门，这些领域包括理学、数学、工程学、医学、化学等。人员构成上，该计划提供了一份专门的科学家候选人名单，来自各个领域的科学家们起到了非常重要的协同创新作用。该计划建立于一个公共的平台之上，参与计划实施的科学家以平台为基础进行协同创新，还包括其他相关人员、辅助人员的密切合作和协同配合，最终取得了巨大成功。从某种意义上，“曼哈顿计划”具有协同创新的特征与因素，并且在具体实施中进行了变革与创新，取得了研究的创新成果。瑞典乌普萨拉 Bio 机构利用开放式创新平台，让各企业可以在网络上公开寻求问题的解决方式，对已有方案进行挑战。这个平台向外部开放，让外部的协助能够顺利进入。在开放式创新平台基础上，新的产品与服务以更快的速度进入市场，使新的创意得到应用。

（二）科学有效的组织结构设计

协同创新的实践案例基于合作平台建立了科学有效的组织结构，实现了团队科研创新工作的高效运作。在组织建构的设计上注重数量与结构的匹配，实现了层次明晰，在团队人员配备上做到多元化，使结构更加灵活。同时，在人员组织结构上，包括知识结构、学历层次、年龄构成，实现了多元互补。在组织结构与规模设定上，都符合一定的标准，做到科学合理，有效地促进了科研创新成果的产出与应用。斯坦福大学

Bio-X 项目注重跨学科的设计，结合不同专业人才的研究，促进生物科技革命的发展，这些学科包括生物医学、生物物理、生物工程等，进行大规模跨学科、跨科系的设计。这种设计与计划考虑到生物科学本身需要多方面知识的本质，在组织结构设计上照顾了多个学科的特色，建立了以多个学院为基础的组织架构。紧密联结医学、工学、生物科学、化学、物理、计算机等科系的师生，促进不同研究领域人员的交流，使得跨系所合作机制有效建立。瑞典乌普萨拉 Bio 研究项目在生命科学发展上，注重创新基础上的建构，将科研与产业化结合，将创新的观念转换为生产力。从整个组织架构来看，形成了多元的市场划分和整个产业链，包括研发、生产、营销以及售后服务等。其发展策略是将知识与网络化运作结合，确保在多个领域的合作机制建立，关注企业以及项目的需求，与其他机构开展合作，为组织发展提供可持续的动力。

（三）高效的运行机制与管理

高校在协同创新理念的应用上，建立了比较高效的运行机制与管理模式，在日常的运作中更为有效合理。制度的设计包括交流共享机制、权益分配机制、激励约束机制与合作协商机制。这些制度保障团队间的交流与共享，构筑了团队间合理的权益分配体系，这样能够促进协同创新团队的合作与协商，在创新的开发与利用上合理且高效。同时，在协同团队的管理上，注重建立团队管理体系，发展团队的合作特色；在对协同团队的激励与约束上，对个人与团队进行绩效考核，建立激励奖惩制度。从欧盟在2007—2013年推动协同创新的创新集群来看，包含创新实验室、各类型企业、若干个研究机构与大学，在特定产业与区域中运营。在创新集群的管理中，做得越来越专业化。有关管理机构称为集群机构，在日常的管理中做到专业有效，并且高效运作，符合质量标准与高度专业性技能。具体的措施：加强欧盟层面有关集群支持工具的补充；成立咨询小组，提供政策支持与战略方向；鼓励欧洲研究区各国在集群间开展具体合作；发起打造集群机构卓越的欧洲示范性倡议；改善有关创新支持手段方面的信息，进行广泛宣传；支持开发新工具或改良现有工具。通过这些管理措施，促进不同单位间有效技术转让和信息交流，从而促进创新活动发展。

（四）具有充足的经费资源投入保障

高等教育领域注重协同创新应用，并建立了充足的资源投入保障。在协同创新实践中，充足的资源投入显得很重要，从多个方面筹集经费与资源投入，保障协同创新实践的开展。在这个过程中，建立开放式的学术资源管理体系，健全资源与经费的分配机制，使资源投入与组织结构设计、高效的运行机制配合，促进创新进程的发展。从斯坦福Bio-X项目发展情况来看，项目之所以发展非常迅速，得益于大学的经费资源的充足以及企业对于项目的大力支持。学校将筹款目标定为10亿美元，得到了大量企业人士以及基金的经费支持。斯坦福大学电机系教授吉姆·克拉克（Jim Clark）捐出1.5亿美元，在校园内建设生物医疗工程及科学中心，用于尖端生物科技研究。另有一名匿名人士捐出6000万美元的款项给Bio-X项目，使经费扩增到2亿美元以上。2008年9月，欧盟委员会效仿美国著名的麻省理工学院，建立了一个欧洲规模的、以服务整个欧洲为目的的研究机构，即欧洲创新与技术研究院，最主要的渠道是通过组建"知识和创新团体"（KICs）来实现。KICs由分布全欧的优秀大学、研究中心和工商界组成，每个KICs至少包括1个高等教育机构和1个研究机构、1个私营企业。首批"知识与创新团体"于2010年3月正式启动运行，分别是气候变化减缓与适应知识创新团体、可持续能源知识创新团体及未来信息与通信社会知识创新团体。此外，欧盟第七研究框架计划（2007—2013）[1]预算大幅增加至540亿欧元，支持有关的商业研究，特别是通过联合技术行动和参与由成员国成立的联合研究计划。在欧盟"竞争力与创新框架计划"（CIP）中，有专门计划针对中小型企业和研究框架计划之外的创新活动，2007—2013年预算总额达到36.21亿欧元，包括企业与创新专项21.66亿欧元。[2]

四、以协同创新培育创新人才的要求

我国在协同创新的发展上，相应的研究比较多，而在实践

❶ 董筱婷. 欧盟大力支持欧洲创新与技术研究院［J］. 比较教育研究，2013，35（9）：107-109.

❷ 任世平，韩军. 欧盟竞争与创新框架计划［J］. 全球科技经济瞭望，2009，24（9）：56-59.

上做得不足，处于起步阶段。胡锦涛同志在庆祝清华大学建校 100 周年大会上围绕当前和今后相当一段时期全面提高我国高等教育质量的问题，特别强调，我国高校特别是研究型大学要在“积极提升原始创新、集成创新和引进消化吸收再创新能力”的同时，同科研机构、企业开展深度合作，“积极推动协同创新”。[1] 由此所提出的“2011 计划”进行顶层设计与营建联盟，通过协同创新大力提升高校的创新能力。从具体实施来看，包括建立了部分面向科学前沿、面向文化传承、面向行业产业、面向区域发展的协同创新中心。上海交通大学成立的 Bio-X 生命科学研究基地经过重组凝练而成 Bio-X 中心，在协同创新上走在前列。北京的“中关村协同创新计划”，以产业链为基础，打造高新技术产业集群的企业标准联盟、技术联盟和产业联盟，引导和支持各类主体的协同创新活动。

目前，协同创新的实践还处于探索与发展阶段，需要克服一些障碍与问题，促进创新成果的发展与应用。协同创新针对创新资源与要素的利用，需要突破主体间的壁垒，在人才、资本、信息与技术上进行合作。在心理与体制上打破已有的规范与束缚，在一个新的场域内解决问题。在未来的协同创新发展上，尤其在高等教育领域，需要借鉴国外的先进经验，结合我国已开展的协同创新实践，在心理层面上去除约束，在制度设计上去除障碍，提供相应的政策保障，继续完善与改进。

---

[1] 胡锦涛．在庆祝清华大学建校 100 周年大会上的讲话［N］．人民日报，2011-04-25.

需要推动心理层面的整合，消除人员之间的心理约束因素。协同创新的基础是协同，关系到人员之间的合作，由于心理层面上存在的差异与利益区分，人员之间往往潜藏着不协同的状况。同时，创新也是协同创新的核心要素，如果不能去除个人心理上的束缚，也会出现难以创新的状况。[1]协同的本质是人的协同，创新的本质是习惯的改造，是对于原有心理机制的突破。在协同的组织体系内，理性的个体愿意为组织出力的前提条件是，要么对个体施加强制影响，要么提供有效的特殊激励，在促进个体的心理整合上，需要结合这些影响因素，改造人员的心理刺激因素。在对协同创新机制进行改善的同时，要改造知识生态、习惯等心理因素，建立无沟通障碍的心理机制，让个体能够在一个开放的平台上，为了共同的目标与利益，坦诚地沟通与合作，突破原有的心理约束机制，让协同创新活动取得更为积极的效果。

（二）促进制度上的合理设计

促进制度设计上的合理，解除制度上的障碍。协同创新的理念基于协同学理论，强调组织结构的扁平化与无边界化，减少机构之间的交易成本，扩大组织之间的资源共享和协作运营。在这种协作的过程中，强调资源的共享。对知识与技能进行共享，可以明显地减少成本的付出，使组织之间的利益实

[1] 周作宇．协同创新政策的理论分析［J］．高教发展与评估，2013（1）:1–17.

现最大化，在竞争中获得更大的优势，实现组织之间的协同发展。在促进协同创新在组织机构层面的发展上，对各项目合作方式进行整合，形成协同创新网络联盟，为协同创新发展提供良好的发展平台。在创新联盟的构成上，包括高校、科研院所、企业等，这些机构需要打破原有的制度障碍，尤其在组织边界上构建共同的目标，实现组织间共同的利益。除了在行政机构以及命令下进行协调外，还要注重组织机构之间价值与利益的协调，塑造共同的合作目标，进行合理的利益分配，对组织与人员进行特殊的有效激励。

（三）提供相应的政策保障

提供相应的政策保障，让协同创新成果得到有效的保证。政策手段作为外在的保障手段，可以提供有利的政策环境，以及政策规定所带来的有利条件。党的十八届三中全会报告提到了建立健全鼓励原始创新、集成创新、引进消化吸收再创新的体制，建立产学研协同创新机制，建立国家创新机制，这在大的政策方向上为协同创新发展提供了依据，因此需要进一步完善相应政策的具体规定，从而有针对性地发展协同创新机制。在具体做法上，需要尽快建立科技基础条件平台共享机制，制定各类科技资源的标准规范，建立促进资源共享的政策体系，为协同创新战略联盟提供政策导向性支持，对政策进行细化，使其更具可操作性。这些做法包括奖励激励措施、资金投入规定、合作项目规定等，这样就可以加强协同创新机制的可持续性，促进其不断在实践中发展。

（四）科教结合协同推进人才培养

前沿知识、创新人才与创新文化作为国家知识创新体系建设必不可少的“三要素”，是各创新力量发挥作用的基础，是联结各创新主体间的纽带。高等院校作为前沿知识的生产者、创新型人才的培育者以及创新型文化的传承和孕育者，长期以来被排斥在我国国家知识创新体系之外，尚未获得其应有地位以及发挥其应有作用的机会，这不仅使国家知识创新体系难以获得可持续性发展的动力机制和竞争优势，也使得知识创新体系与国家创新系统其他各子系统间的协同创新缺乏根基。因此，必须深化对“科教结合”在高等院校知识创新中战略地位的理解，将以促进科教结合为主要目标，以培养创新型人才为核心，以教育体制机制改革为着力点，以提升前沿科研能力和孕育创新文化为主要内容，以改革试点为主要形式的高等院校创新体系建设纳入国家创新系统中，发挥高等院校在国家知识创新系统中的基础性作用。

第三章　以色列高等教育协同创新与人才培养*

20 世纪 90 年代以来，以色列高等教育体系经历了被称为“根本变异”（Genuine Metamorphosis）的革命性变革。[1] 这些变革涉及以色列高等教育的多个方面：学生数量的骤增，学位授予机构数量的快速增加，国外大学分支机构的建立，高等教育立法改革，以及规模扩展而带来的高等教育治理模式和公共政策的变革等。这些变革改变了以色列高等教育体系单一、封闭与精英化的组织结构，形成了一个更加开放和多元的高等教育系统，也保证了以色列研究型大学和关键学科领域的国际一流水准和领先地位。尽管外部因素，例如全球化、新自由主义经济范式以及人口变化促进了这一时期的开创性变革，但理念因素决定了改革的路径和政策选择，政策制定者在推动改革从认知理念向规范性理念过渡，并将其结合起来进行政策创新和制度变革方面，发挥了关键作用。以色列高等教育变革既是在应

* 本章部分内容已在《中国高教研究》2017 年第 9 期上发表。

[1] Ami Rokach.Higher Education in Israel：An Overview［J］. International Journal of Leadership and Change，2016（4）：31-35.

对全球化所带来的对卓越的竞争和追求，也保持和延续着以色列大学及时回应社会经济发展需求，从而实现国家利益的传统理念。

一、改革前的以色列高等教育体系

早在以色列建国前，高等教育便是犹太人定居点领袖们优先发展的事业。作为犹太人定居点建设的一部分，同时也为了应对“一战”后的新移民潮，以色列成立了最早的两所大学，分别是以色列理工学院（Technion）和耶路撒冷希伯来大学（The Hebrew University of Jerusalem）。这两所学校的建立，彰显了建国者们对教育在国家初步形成阶段的意义和作用的表达：以色列必须设定一个目标，毫无例外地让整个年青一代——无论其父母是富裕还是贫穷，不管来自欧洲、亚洲还是非洲——都接受基础、中等和高等教育。[1] 虽然这一时期的社会生活充满政治和意识形态色彩，但大学却以独立的自我监管的方式运行，高等教育机构无须考虑政治因素而享有高度自治权，这一制度安排在国家成立之前是足够令各方满意的。

（一）作为国家重要资源的高等教育

自 1948 年建国，以色列政府将教育和学术研究视为建设

[1] Cohen E，Davidovitch N. Regulation of Academia in Israel：Legislation，Policy，and Market Forces［J］. Journal of Education & Learning，2016（5）：165–180.

国家和社会的主要资源，在国家建立的最初几年，大部分的资助由政府控制，并有一些试图加强对学术界官僚监督的努力。1958 年，以色列颁布《高等教育法》(*Higher Education Law*)，这一方案阻止了政府对学术界进行干预的尝试，否定了对高等教育实施官僚监管的建议，也确定了以色列高等教育体系的学术水平和框架。此外，这一法案决定成立一个独立的高等教育委员会（Council for Higher Education，CHE）来管理高等教育相关事务，并在专业审议体制下制定高等教育政策及其他相关议题。CHE 是政府和学术机构间进行沟通和协调的独立中介组织，其角色和职能主要包括高等教育机构认证、学术项目许可、审核并批准高等教育机构的学位授予权、国外大学分校在以色列运行的许可以及高等教育规划和公共经费分配，此外还包括对政府提供关于高等教育改革和发展的建议。CHE 由 25 名成员组成，其中 17 人是大学的杰出教授。

（二）封闭的高等教育拨款体系

直到 20 世纪 70 年代早期，CHE 主要处理的是学术议题，预算问题则由教育部负责。1972 年，CHE 决定设立以色列高等教育规划和预算委员会（Planning and Budgeting Committee，PBC）。作为独立的常设小组委员会，PBC 主要行使规划、预算和拨款等权力，例如将政府每四年制定的高等教育预算，按照 CHE 设定的标准分配给每一个高等教育机构。同时，PBC 会从规划、预算和财务角度来审查新机构、新单位或新的学术项目的申请，并向 CHE 提出建议，只有经过 PBC 的讨论和审查，CHE才会接受这些申请。PBC由6名成员组成，其中4名成员是来自大学的杰出教授，另外2名则主要来自经济、商业和工业等公共部门。CHE和PBC的使命主要包括四个方面：知识创新与卓越研究；实施高质量的教学；为未来培育研究者和教师；为劳动力市场提供高技能的学术型劳动力。PBC的活动旨在规划高等教育如何最优利用国家资源，而CHE的主要活动之一是制定高等教育的中长期规划（5—10年），这就需要不断关注当前社会、经济和劳动力市场的发展趋势。只有在特殊情况下，例如出现极端趋势或国家鼓励特定学习领域时，CHE才会干预学术事务。CHE对极端趋势回应的一个例子是关于法律和商业管理项目的设立，尽管市场对这两个领域的需求很大，但PBC认为国家不应对激增的需求进行补贴，因此限制了对这些项目的支持程度。另一个例子是PBC为增加高科技专业的学生数量而设立了特别拨款，以解决劳动力市场专业人才短缺问题。此外，在发展以色列的大学制度上，PBC认为高等教育应多样化，因此学院可以提供高质量的教学而无须像大学一样具有固有的研究义务。

（三）公立的高等教育体系

自1948年建国至20世纪90年代初期，以色列高等教育体系基本上是公立的，高等教育法赋予了高等教育机构特殊的地位，它享有学术与管理自治权，同时又可以获得极大的公共资源。这种完全的公共资助与高度的学术自治，使以色列形成和发展了一套独特的高等教育体系，并在国内和国际上享有盛誉。在监管模式上，CHE 和 PBC 的共同行动创造了一套公共监管体系，大学能够独立运行并处于政府机构的监管下。CHE 对高等教育体系负有最高的行政责任，扮演着学术界的守门员，通过规划高等教育领域的准入许可、组织结构和预算分配来影响高等教育的学术水平和组织结构。作为这一制度安排的结果，以色列的高等教育体系被称为是一个统一的“政府主管、大学自我监管”[1] 的模式，这一状态一直持续到 20 世纪 90 年代初以色列高等教育的结构性改革。

二、20 世纪 90 年代以来以色列高等教育的变革

直到 20 世纪 90 年代初期，以色列高等教育体系由 7 所研究型大学组成，它们受到 CHE 的监督。此外，还包括开放大学、区域和专业学院和几所专门从事教师培训的教育学院作为中学后教育机构，这些机构主要受教育部的监督。20 世纪 90 年代以来，以色列高等教育规模和容量经历了史无前例的增长，学生人数从 20 多年前的 7000 人增加到了现在的 30 万人，高等教育机构从只有 7 所大学和少量学院增加到了目前的 60 余所。高等教育的规模扩展提高了高等教育的入学率，显著促进了社会的流动，但同时也带来了预算危机、规模与质量的冲突等。

---

[1] Menahem G. The Transformation of Higher Education in Israel since the 1990s: The Role of Ideas and Policy Paradigms [J]. Governance, 2008, 21 (4): 499-526.

（一）高等教育改革的主要因素和动机

20世纪80年代末期，以色列经济、政治、社会和人口变化导致公共服务各个方面的变革，这一变革既是以色列国内经济与社会发展的新阶段，也是全球化背景下世界变革的一部分。从人口形态来看，以色列人口规模和大学适龄人群快速增长，这种增长首先是本国人口自然增长的结果，其次是苏联移民的大量涌入。人口规模的扩大对高等教育提出了更多的需求，并对整个高等教育体系和政策制定者施加了压力。这一压力使政府必须解决两个关键问题：入学率和拨款。提高入学率以满足公众对高等教育的需求，加大了政府的经济负担，政府不得不通过开放高等教育市场来满足入学需求并缓解财政负担。在具体策略上，CHE通过建立新的公立学院和私立学院，并允许国外大学分校在以色列运行来回应这些需求。

尽管人口快速增长是改革的重要因素，但高等教育变革也是这一时期主流政治、经济和政策范式转变的一部分。从国际背景来看，自20世纪70年代中期以来，凯恩斯主义的福利范式开始向新自由主义的竞争范式转变，在这一背景下，很多国家经历了从工业福利国家向全球化竞争型国家的转变。前者的主要特点是国家与全球经济保持平衡，后者则认为将国家置于全球经济体之中是获得发展的基本要素，从而将提升市场的自由化和私有化水平作为应对全球经济竞争的政策工具；从国内来看，1977年利库德政党（Likud Party）崛起，以色列的社会民主和经济世界观经历了深刻的变革。实际上，利库德政权在执政初期，试图实施古典自由主义的做法，但这一做法只是部分得到实施。[1]自20世纪90年代以来，以色列确定了与新自由主义相适应的政策体系，通过强调竞争、商业化和自由市场等新自由主义经济范式，加速了以色列的经济和政治政策的转型，主要表现是适应经济的国际竞争和私有化，最大限度地减少公共开支和政府干预。例如在经济体制上，这一时期以色列经历了部分国有企业的私有化和自由化改革，正如沙莱夫（Shalev）认为的，以色列已经转向私有化和自由化，迅速进入市场驱动的全球经济。[2]传统上，高等教育较少受到社会经济进程的影响，但全球化放大了资本和竞争逻辑，并将其转变成一种可以应用到各个社会领域的思想观念。因此，资本主义经济学领域的改革逻辑被引入大学内部，影响、威胁并侵蚀大学的本质和标准。通过将知识转化成商品，一方面提高了高等教育的竞争力和入学率，另一方面也产生了严重的系统产品"质量危机"。在以色列，以集体主义世界观和社会民族福利制度为特征的政策范式背景下形成的高等教育结构和治理模式，业已开始向竞争模式转变，这些范式转变已经在国际高等教育改革中得到体现，以色列高等教育改革也是这一进程的一部分。

此外，公共政策制定者的积极推动也是这一时期改革的重要因素。尽管外部力量对变革施加了压力，但变革路径、政策选择偏好和变革目标往往由内在的理念因素决定，理念因素不

---

[1] Cohen E, Davidovitch N. Regulation of Academia in Israel: Legislation, Policy, and Market Forces［J］. Journal of Education & Learning, 2016（5）: 165-180.

[2] Michael Shalev. Have Globalization and Liberalization "Normalized" Israel's Political Economy?［J］. Israel Affairs, 1998, 5（2-3）: 121-155.

仅决定了应对外部压力的工具选择，甚至在缺乏外部变革需求时，本身也成为驱动政策变革的独立因素。[1] 例如，2000 年以后的改革就已经难以用人口增加的外部压力来解释，因为这一时期高等教育的供应已经满足甚至超越了需求。因此，这一时期改革的主要动机是理想化的，其目标是根据新的政策范式来制定新的监管制度。在新的制度框架内，政府在依赖市场力量的同时，试图更多参与大学的治理，来实现和体现国家利益和意志。[2]

（二）主要的立法改革和政策创新

面对来自国际和国内的压力，以及政策制定者关于高等教育理念的变化，自 20 世纪 90 年代初期开始，以色列高等教育体系经历了三个方面的结构性变革：多样化、私有化和国际化。这些变革主要通过立法改革来实现。1994 年，以色列议会通过了 3694 号决议（1994 年决议），决定增加授予学术学位的机构数量，将非政府拨款机构、教育学院、技术学院和地区性的一般学院升格为高等教育机构，并允许国外大学在以色列设立分校。1995 年，以色列通过了高等教育法第 10 号修正案（CHE 第 10 号修正案），允许学院授予学术学位，并被正式

---

[1] Menahem G. The Transformation of Higher Education in Israel since the 1990s：The Role of Ideas and Policy Paradigms [J] . Governance，2008，21（4）：499-526.

[2] Cohen E，Davidovich N. Higher Education between Government Policy and Free Market Forces：The Case of Israel [J] . Economics and Sociology，2015，8（1）：258-274.

纳入高等教育体系中。[1]这一计划使公立的学位授予机构数量增加了三倍。截至2013—2014学年，以色列共有67所高等教育机构，包括8所研究型大学和1所开放大学，37所学术学院（其中包括PBC拨款的21所公立学院和16所非公共拨款学院）以及21所教育学院（教师培训学院）(见图3–1)。在满足公众对高等教育需求、促进高等教育从大众阶段到普及阶段的发展，以色列不是通过建立一所新大学，而是将学院升格为高等教育机构的方式来实现的，继续保持了大学在高等教育体系中的优越地位。在学生人数上，自20世纪90年代以来，以色列高等教育最显著的特征是学生人数的快速增长，学生入学人数年均增长8.1%，其中本科生人数年均增长率为8.7%。到2000年以后，这一增速逐渐放缓，年均增长率为3.5%左右（见图3–2)。人数下降的主要原因是这一时期以色列政府实施的财政紧缩政策，减少了对大学的科研和教学拨款。到21世纪中期，大学入学人数逐步稳定。根据PBC的统计，在2013—2014学年，在所有高等教育机构学习的学生人数为30余万人，其中23.7万人为本科生，约6万人为硕士生，博士生人数为1万多人。[2]

---

[1] Davidovitch N，Iram Y. Regulation，Globalization，and Privatization of Higher Education：The Struggle to Establish a University in Israel［J］. Journal of International Education Research，2014，10（3）：201–218.

[2] The Council for Higher Education，The Planning and Budgeting Committee. The Higher Education System in Israel［R］.Jerusalem：CHE&PBC，2014：13.

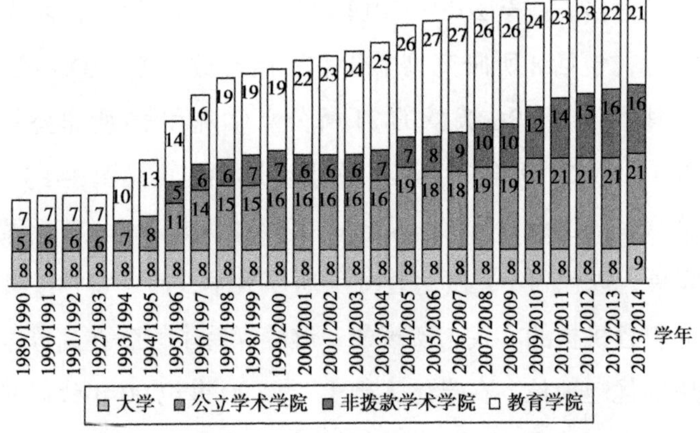

图 3-1　以色列高等教育机构的演进（1989/1990—2013/2014）

资料来源：The Council for Higher Education，The Planning and Budgeting Committee. The Higher Education System in Israel [R] .Jerusalem：CHE&PBC，2014：13.

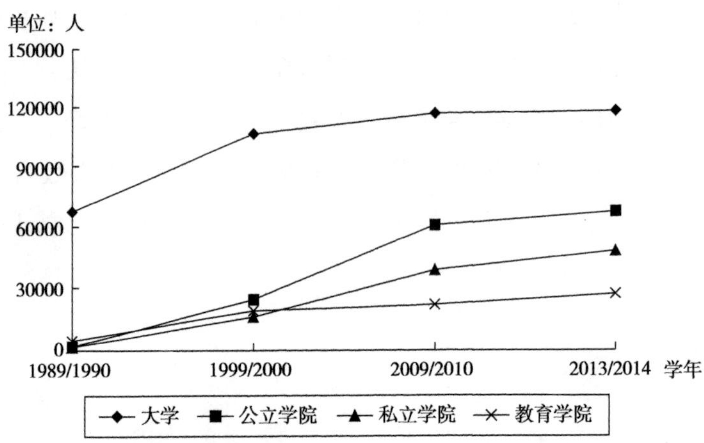

图 3-2　以色列各类高等教育机构学生人数变化（1989/1990—2013/2014）

资料来源：Uri Kirsch.The System of Higher Education in Israel：Issues，Characteristics and Unique Aspects [R] .Haifa：Samuel Neaman Institute for National Policy Research，2014：33.

与此同时，CHE 又实施了另外两项改革措施。第一项是允许私立高等教育机构办学并授予学术学位，这些机构虽然受到 CHE 的监管，但不会得到公共财政的支持。另外一个改革是允许国外大学分校在以色列建立和运行，这一国际化行为为以色列高等教育体系增加了第三种类的机构类型。在 1998 年之前，这些分校几乎没有任何的监管。1998 年，CHE 再次修正了关于对国外大学分支机构的授权规定（CHE 第 11 号修正案），这一法案（*The Extension Act*）规定国外大学分校的运行必须获得 CHE 颁发的许可证，这一法案反映了加强分校与海外母校学术联系的趋势，以及迫使这些分校更加符合以色列的学术标准。尽管修正案没有授予 CHE 对这些分校的学术监管权力，而是将其作用限制在行政监督之下，但也确实导致了 2000 年以后国外大学分支机构的大幅减少。

CHE 这几项决议的制定创造了一个多元化、私有化和国际化的高等教育体系。多元化主要表现在与 20 世纪 80 年代相比，有资格获得公共资助、不以研究为目标的公立学院数量翻了三倍。私有化则通过允许私立机构授予学术学位的方式来实现，而国际化是通过允许国外大学在以色列设立分校并能够授予学术学位来完成。这些决议改变了以色列高等教育的结构和格局，也象征着以色列统一的监管范式和组织机构的转变，这一范式转变促进了高等教育机构的蓬勃发展以及大学入学人数的大幅提升。

（三）建立质量评估和保障体系

高等教育机构规模和学生人数的快速增长，在快速提升以色列高等教育容量的同时，也随之带来了一些问题。CHE 将学院升格为高等教育机构的政策目标：一是利用学院升格来提升高等教育入学率；二是鼓励学生追求高级学位以提高科研产出。第一个目标相对容易地实现了，但在鼓励大学和学生追求高级学位方面，则出现了“搭便车”现象，例如出现了越来越多的非论文硕士项目，使得走捷径获得学位的文化在体系内盛行，降低了学术标准和学术质量，硕士阶段的科研产出也快速下降，从而背离了改革初衷。此外，规模与质量间的关系变得更为复杂，尤其是高等教育资源并没有随着学生人数的增长而大幅增加。2000—2007 年，以色列实施了财政紧缩政策，随之削减了高等教育预算，大学科研拨款减少。财政状况的恶化影响了师生比和大学教师的年龄结构，在 1990 年，师生比为 1 ∶ 17，到 2008—2009 年，这一比例为 1 ∶ 24；在 2009 年，以色列大学资深教师的平均年龄为 53.5 岁，而在 1979—1980 年资深教师的平均年龄为 46 岁，教师年龄老化也影响了科研创新和产出。[1]

在组织层面，自 2000 年开始，以色列新建立了数所高等教育机构，这些机构在经历了初期的蓬勃发展后，随即出现了学术、财政和合法性方面的问题。例如机构数量的增加与资深教师数量的不匹配，缺乏高级教师和研究人员，这些成为以色列高等教育体系面临的最为严重的问题，学术质量问题则由于教师缺乏足够的学术水准。此外，一些获得许可的

[1] Volenski, A.After “the Lost Decade”: Higher Education in Israel—Where to?［R］. Tel Aviv: Taub Centre for Social Policy Research, 2012.

非公立拨款机构，在短期活跃后开始面临严重的财政困难，合法性与合并议题开始出现，阻碍了这些机构的独立和功能实现。

面对高等教育体系的质量危机，2003 年，CHE 决定建立一个高等教育质量评估体系，并在 CHE 秘书处内部设立一个独立的管理部门来专门管理质量评估。2004 年，质量评估和保障部门建立起来，并对两个学科进行了评估。2010 年，作为 PBC 和以色列财政部多年期协议的一部分，评估和保障部门成为 CHE 的一个独立机构——质量评估部（The Quality Assessment Division）。CHE 对质量评估体系的目标是：在以色列高等教育机构体系内创造一种自我评估的文化，建立日常学术质量评估并改进存在问题的内部机制；高等教育机构要公开出版有关评估过程和持续质量改进的相关信息；支持高等教育体系的规划和预算；确保以色列高等教育体系能够持续融入全球学术体系，并将质量评估过程视为高等教育全球化的基点。

以色列的高等教育评估体系主要基于四个阶段的模型。一是自我评估，并提交自我评估报告。二是国际评估委员会的评估。CHE 指定一个外部的国际委员会来评估科学领域所有部门的功能实现。评估结束后，委员会向 CHE 提交一个详细的评估报告，包括以色列这一领域的前沿研究和课程在全球体系中的地位。三是 CHE 讨论国际委员会的建议并采取行动。四是建议的实施阶段。评估结果会影响资源分配，在确定资源配置时，PBC 会采用多种模型对科研和教学产出进行客观评估。值得一提的是，资源分配主要根据产出而不是输入。这些模型测量的是实际的绩效，而不是实现这些所需的资源和努力，从而减少评估对预算机制的依赖。在实施这一政策时，PBC 需要有持续、有效的统计数据并结合合适的评估工具，以及紧随“市场”对高等教育需求的变化，PBC 一般会利用各种机构（例如部委、政府机构、中央统计局、工业部门）的统计资料，同时也对建立和维护独立数据库投入了大量资源。

2013—2014 年，约对 26 所高等教育机构（大学和学术型学院）的 317 个部门和学院的 50 个研究领域进行了评估。国际评估委员会提交了 328 份报告，基于机构和全国的视角分析每一个研究和学科领域的情况，这一评估结果将会影响后续规划的制定，以及对特定研究领域的相关政策。2013—2014 年评估的主要结论是以色列在关键的领域缺乏足够的高端人才。

（四）治理理念的变迁

1948 年至 20 世纪 90 年代初，以色列高等教育基本是公立的，CHE 和 PBC 作为政府和学术界的缓冲和中介机构，对以色列高等教育的发展发挥了重要作用，以色列高等教育取得的卓越成就也证明了这一治理模式的有效性。如果没有一个集权的、支持性的体系，就难以实现以色列高等教育在规模快速增长的同时，能够保持学术的卓越性，该制度的成功不仅缘于其运作的效率，也缘于高等教育机构运行的法律支撑和社会的自由民主传统（见图 3–3）。

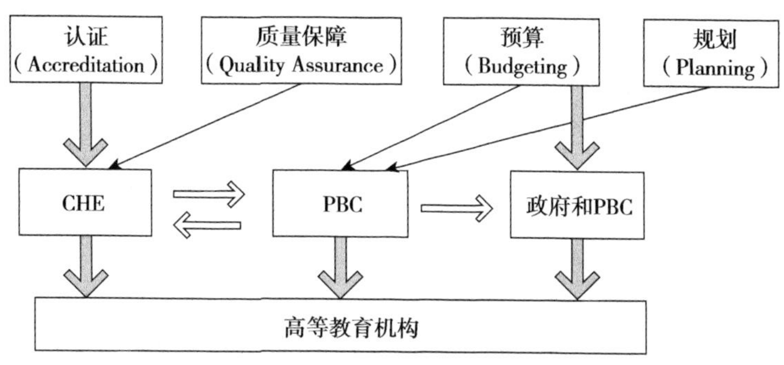

图 3–3　以色列高等教育治理结构

从治理模式变革来看，以色列高等教育治理可以分为四个发展阶段：第一个阶段是 1924—1957 年，其特点是高等教育机构独立的自我监管阶段，没有一个专门的高等教育管理机构。第二个阶段是 1958—1994 年，在经过了政府（要求更多的控制）与大学（要求更多的自治）之间长时间的争论，高等教育法获得了通过，并从法律上保障了大学的学术自由。这一法案授权设立 CHE 作为监督以色列高等教育的法定机构，直到 2001 年，在 CHE 的 25 名成员中，绝大多数（17 人）是大学的杰出教授，他们极力维护大学的学术自由和其他利益；20 世纪 70 年代成立的 PBC 则具体负责高等教育规划和预算分配。作为这一制度安排的结果，以色列形成了一个特殊的政策网络：公立研究型大学在制定和实施高等教育政策中享有极高的地位和自主权。直到 20 世纪 90 年代初，以色列的高等教育政策体系仍是一个统一的国家主管、机构自我监管的制度。第三个阶段是 1995—1999 年，这一时期的特点是强调监管、放松管制阶段。这一时期通过的决议和高等教育法修正案，创造了一个多样化的高等教育格局和差异化的监管模式，将原有的单一的监管制度分为了三个子制度：完全受监管的公立高等教育部门、受到学术监管的私立高等教育部门以及放松管制的国际高等教育机构。第四个阶段是2000年以后，其特点是高等教育政策体制（Policy Regime）的变革，这一时期大学和政府间发生的“三大冲突”改变了原有的政策体制。

第一个冲突涉及CHE的成员组成。在1999年选举后，新的教育部长决定减少大学教授在CHE中的代表人数，以增加公立学院、私立机构和国外大学分校的代表。教育部长认为这意味着“学术卡特尔的结束”。多年来，以色列大学的运行像商业卡特尔一样，保护了一个特定社会阶层的利益，学术卡特尔采取任何可能的步骤推迟改革，从而切断与大学本应服务的公众的联系。教育部长认为，CHE应该反映以色列高等教育结构的变化，而大学代表则认为CHE并非一个代表机构，它主要对学术、教学和研究的质量负责，理应由大学教授组成。这些辩论在以色列引发了广泛的公众关注，在2002年新组建的CHE中，大学教授的成员人数从17人减少到12人。大学担心他们将面临更多的政府干预并威胁其自治。

第二个冲突与大学拨款有关。2000—2003年，受以色列政府财政紧缩政策的影响，政府对高等教育机构的拨款减少了约20%，大学陷入了严重的财政危机。受其影响，作为大学自治基础的五年期政府持续拨款的政策安排被打破了。在1997—2001年的财政协议即将结束时，由于大学和政府在大学治理问题上的争议，并没有签订新的预算协议，在2002年、2003年和2004年，PBC被要求就大学的预算问题与财务部进行年度协商。2004年7月，在大学修改了组织机构和治理制度的条件下，双方才商定了新的五年期预算。这一计划被称为“马尔兹报告”（Maltz Report）。

第三个冲突与建立一所新大学的努力有关。在以色列，尽管学院被升格为高等教育机构，但学院与大学在功能定位、可获资源和社会地位上存在明显差异，因此以色列的高等教育体系实际上是一个双重体系：大学和学院。大学可以授予硕士和博士学位，学院则集中在本科教学；大学主要从事研究活动和高级人才培养；学院主要侧重于有限的几个领域的教学，大学则可以提供广泛的教学和研究；大学有大量的拥有终身教职、从事科研和教学的教师，而学院的大部分教学工作由聘任（兼职）教师完成。不过，伴随着学院升格，学院的功能和活动越来越与大学相近，因此他们希望获得与大学同样的资源和待遇。不过，大学并不赞同这一转变，因为研究预算和人力资源是有限的，这一过程会减少大学资源，增加对博士生的竞争，以及降低大学的预算和捐赠。学院则认为，大学以预算为借口来维持其垄断地位，防止其他机构的竞争。作为以色列历史上的第9所大学，艾瑞尔大学（Ariel University）的建立过程集中反映了这一冲突。

艾瑞尔大学的前身是巴伊兰大学（Bar Ilan University），是位于以色列西岸撒马利亚（Samaria）地区的一所地方性分校，20世纪90年代末，学院开始了向一所独立大学转变的努力，强调这一转变有利于提升该地区高等教育体系的水平，吸引新的人口，从而促进该地区的经济发展。尽管获得了从政府到公众的广泛支持，但这一议案却遭到了大学校长委员会的强烈反对，再加上这一时期的财政紧缩政策，CHE 和 PBC 不得不将这一计划推迟。2005 年，利库德成员就任教育部长和 PBC 主席，从而把这一活动推迟到了在政治上更为有利的时期。利库德政党强调要加强学院体系的学术水平和学术独立性，允许其授予硕士学位，并在历史上首次获得了 PBC 的代表职位。此外，还确定了 CHE 和 PBC 有权改变学院的地位，当然这一过程要经过非常审慎的学术标准审查和质量评估过程，确保学院必须满足大学作为知识创造和转移、高端人才培育的使命陈述，而不能损害以色列大学的学术精神和降低学术质量。2012 年，PBC 考虑建立第三种类型的学院：科研与教学相结合的大学学院，进行相应的预算编制，并允许学院与教师签订工资协议，减少教师 10% 的教学工作量以从事研究活动，为学院从事科学研究奠定合法性基础。在此基础上，2012 年 7 月，PBC 通过投票确定了艾瑞尔大学作为一所完整大学的法定地位，这一行动得到了以色列总理、教育部长、议员、诺贝尔经济学奖获得者的大力赞扬。[1] 艾瑞尔大学的建立打破了以色列大学 65 年的垄断地位，也意味着以色列大学必须面对市场竞争。

---

[1] Davidovitch N, Iram Y. Regulation, Globalization, and Privatization of Higher Education: The Struggle to Establish a University in Israel [J]. Journal of International Education Research, 2014, 10 (3): 201-218.

这一时期的冲突反映了政府和高等教育机构关系的变化。这些变化有几个特征：首先，以往的政府认证、大学自我监管以及大学内部的合作专业治理模式，给予大学相对于政府较高的自主权，然而在新的制度安排中，市场力量发挥了更加重要的作用，同时国家的直接监管和干预日益加剧；其次，政府对新公立和私立机构持更加包容的态度无异于剥夺了公立研究型大学在体系内的优越地位；最后，政府希望通过有条件的预算和拨款来推动公立研究型大学治理模式的变革，力图高效利用公共费用、提升大学效率和实现国家利益。

三、2010 年以来以色列高等教育改革逻辑

20 世纪 90 年代以来，以色列高等教育的规模扩张伴随着严重的预算危机，因此 2000—2010 年被称为以色列高等教育“失去的十年”。[1]政府的财政紧缩政策导致大学资助水平的严重下降，从而影响了以色列高等教育体系的科研产出和卓越性。2010 年以来，伴随着国际范围内围绕着经济、科技与高端人才的竞争，加强高等教育体系的发展、激发其科技创新能力成为以色列政府优先关注的政策议题，这一时期以色列高等教育的改革逻辑基本沿着三个方面进行：强调学术研究的卓越性与前沿性、人才引进的高端性和精准性以及建立组织结构清晰、职责明确、监管透明的高等教育治理模式，这三大目标的

❶ Volenski, A. After “the Lost Decade”: Higher Education in Israel—Where to? [R]. Tel Aviv: Taub Centre for Social Policy Research, 2012.

实现主要依托目前正在实施的两个国家战略计划和高等教育治理模式改革。

（一）研究的卓越性和前沿性：卓越中心计划

2010—2011年，CHE和PBC与财政部共同实施了一项以色列高等教育《多年期改革和规划计划》（*Multi-Year Higher Education Plan*），以加强卓越的教学和研究，其中建立以色列卓越研究中心（Israeli Centers of Research Excellence，I-CORE）是这一改革计划的核心部分。I-CORE的主要目标和项目愿景是在关键的学科领域通过资源聚集来加强相对优势，建设国际一流的学科和研究领域；培育大量杰出科学家，将吸引以色列杰出科学家回国作为提升高等教育研究水平的核心措施；改进和升级大学的科研设施；鼓励学术创新，强调不同学科和知识领域的协同；保持和提升关键领域研究生的教学和培训水平；鼓励高等教育机构间（包括大学和学院）的研究合作，以及与全球科研机构和科研人员的合作；提供丰富的科研费用、研究生和博士后奖学金，培养未来高水平的人才。通过这些措施和手段，最终确立以色列作为科学研究世界领导者的地位。

这一计划获得了以色列政府和CHE的支持，并由PBC和以色列科学基金会（Israeli Science Foundation，ISF）共同管理和实施。I-CORE的指导委员会（Steering Committee）负责设计和批准项目的原则和方法，选择研究课题，审查评估委员会的报告并公布I-CORE的组成。此外，国际科学咨询委员会

（International Scientific Advisory Committee，ISAC）从一个外部专业的视角，就各种问题向指导委员会提供咨询意见，并协助ISF管理评估过程。

2011年，以色列成立了首批4个卓越研究中心。2013年5月，又建立了12个卓越研究中心。在这16个卓越研究中心中，5个主要关注人文、社会科学和法律的研究，11个实施具体的科学、工程、生命科学和医学研究。在预算上，每个卓越研究中心将获得7.05亿新谢克尔的5年期拨款，约为1.93亿美元，其中PBC提供了4.5亿新谢克尔，剩余经费来自合作机构和捐赠。中心的研究者可以获得可观的经费来从事研究活动和维持中心运行，这些费用涵盖了国际活动、研究生和博士后奖学金、设施和材料费用、招募技术和管理人员等，以及直接资助跨机构和国际的研究合作。在目前的阶段，除了对中心的日常管理外，重点放在运行、指导、监督以及对项目和中心的评价方面。

作为一种新的科研制度安排，I-CORE通过人才与资源的高度聚集来实施前沿和开创性的科学研究，体现了四个方面的组织优势。一是强调“协同创新”。从根本上说，I-CORE可以被视为特定研究领域卓越研究者的协会组织，其成员是来自不同大学的杰出教师，共同致力于突破性的创新研究，最大限度地释放以色列的科学潜力。为了加强研究者的深度，促进有效合作，I-CORE要求这些不同大学的教师联合指导研究生，并通过开设高级研讨班和组织高级教学项目，例如国际研究生项目，来加强国内外的交流。此外，也积极开展与工业界的合作，与其建立伙伴关系等。二是研究课题的选择是经过与学术界的广泛协商，以自下而上的方式产生，充分体现了以色列真正的优先发展领域并与研究者的科学兴趣相结合。三是对I-CORE的评估和指导交由第三方的国际评估委员会，委员会能够更加客观、理智、专业地从国际视角来分析和评估这些卓越中心研究的前沿性和国际地位。四是将I-CORE作为吸引高端人才回国和人才聚集的重要平台。吸引高端国外人才回国是I-CORE计划的核心目标，迄今为止，这些卓越中心吸引了58名新研究人员，其中55人在国外著名大学和研究机构完成博士后研究或获得学术职位后直接归国，这一项目的目标是直接吸纳80名新研究人员。[1]

（二）人才引进的高端性和精准性：国家引智计划

吸引高水平人才回流是以色列政府自建国以来的重要国家战略和政策目标。自20世纪70年代开始，以色列建立了完善的、国家主导的高技能人才回流政策体系（Stated-Assisted Return Policy，SARPs），利用公共资源为高端人才的回归提供帮助。不过，伴随着以色列经济社会的发展以及意识形态领域的变革，这一政策体系也经历了广泛的政策变迁和话语结构转向。以色列早期的人才回流计划的逻辑是“国家主义”，即通过强调种族/国家认同和使命陈述等意识形态理由吸引海外犹

[1] Naama Teschner.Information about Israeli Academics Abroad and Activities to Absorb Academics Returning to Israel［R］. Jerusalem：The Knesset Research and Information Center，2014.

太人归国。自 20 世纪 80 年代以来，以色列的人才回归计划开始强调要吸引国家在特定领域发展所需人才，将人才回流与国家的具体事业联系起来，例如农业、定居点建设、工业和教育等，从而将国家利益、国家认同和国家建设三者紧密联系起来，一方面强调以色列的精英职业路径和社会经济的舒适性这一“职业主义”理由，另一方面也将意识形态和道德意图巧妙地置于具体的人才计划中。[1] 到 20 世纪 90 年代，以色列人才回归政策的高度选择性和竞争性特征更加明显，对申请者的甄选和录用越来越细致，从而保证他们与特定职位的高度匹配。在高度专业化的招募制度下，回归者的资格与特定职位的契合度在其回国之前就已经经过详细评估，并就相关职权，包括薪金待遇和附加福利等进行了长时间谈判，这些都表明回国者日益被视为公司的私人财产，而不是集体主义发展的代理人。[2]

进入 21 世纪以来，通过强调人才吸引政策的准公共物品属性、高度选择性和差异化激励机制，以色列改变过去对人才的宽泛定义和相对宽松的接收标准，制定成本更低但更具针对性和有效性的高技能人才吸引计划，人才吸引政策进入到高端引领和目标精准定位阶段。与此同时，越来越多的公民组织开始参与政策制定过程，与政府共同组成了一个多部门的

---

[1] N Cohen. From Nation to Profession: Israeli State Strategy Toward Highly-skilled Return Migration, 1949-2012[J]. Journal of Historical Geography, 2013, 42(4): 1-11.

[2] N Cohen. A Web of Repatriation: The Changing Politics of Israel' s Diaspora Strategy [J]. Population, Space and Place, 2016, 22 (3): 288-300.

"人才回流网络"[1]，以色列人才吸引战略的组织模式逐渐趋于一种公私合作的PPP模式（Public-Private Partnership，PPP）。2010年，在工业、贸易与劳工部（Ministry of Industry，Trade and Labor）所属的以色列首席科学家办公室（Office of the Chief Scientist，OCS）领导下，由以色列移民吸收局（Ministry of Immigrant Absorption，MOIA）、工业与贸易部、金融部和PBC共同实施的"以色列国家引智计划"（Israel National Brain Gain Program，INBGP）是目前以色列最具影响力的高端人才吸引计划。这一项目于2013年正式启动，针对正在回归的以色列人和潜在的移居国外的以色列移民，对他们及其家庭的回归提供全程服务。申请对象需具备三个条件：一是居住在国外并有意愿回归的以色列侨民；二是具有本科及以上学位；三是能够进入以色列工业和学术界工作。在项目的具体管理上，以色列成立了联系和信息中心，主要通过建立雇主和具体的职位需求数据库、国外专业人才数据库、信息和资助服务、研究和设立新项目以及协调仍在国外的创业计划，从而在雇主、市场与人才之间建立精准的匹配关系。同时，这一计划启动了一个在线"快速通道"来处理保险问题，并开展网络研讨会解决科学家们再次融入以色列社会的困难等。

作为多部门合作项目，"国家引智计划"被称为以色列学术交流中心，帮助吸引海外大学和科研机构的杰出科学家。通

---

[1] N Cohen. Come Home，Be Professional：Ethnonationalism and Economic Rationalism in Israel's Return Migration Strategy［J］.Immigrants & Minorities，2009，27（1）：1-28.

过为少数高端引领人才提供慷慨激励的方式，深化了以色列的人才分类体系，这些新变化可以视为以色列人才吸引战略进入了一个新阶段。根据 INBGP 联合以色列中央统计局实施的一项调查显示，经过了 2010—2012 年 19% 的增长后，在国外的以色列学术人才数量在 2012—2014 年停止增长并保持稳定。尽管在全球化时代，前往国外深造是职业发展和提升科学与技术专业能力的重要的途径，但 INBGP 计划正在努力吸引这些人才重返以色列，以色列也将受益于他们从国外累积的知识和经验。截至 2015 年，已经有 250 多名研究人员通过这一项目返回以色列。以色列政府认为，在一个高端引领人才高度流动的时代，需要将他们视为超越国家、工业部门和学术机构之上的全球人才，并需要与其他国家竞争以避免人才流向其他地方。[1] 鉴于全球就业市场的变化，包括强调个人合同、针对个体的一揽子补偿计划以及其他针对个体的激励措施，以色列的人才吸引战略正在顺应这一国际形势和竞争，变得更具针对性和精准性。

（三）职责与边界清晰、统一、透明：治理模式改革

面对高等教育的国际竞争以及规模的快速发展，以色列高等教育面临着严峻的治理上的挑战。2011 年底，以色列教育部与 PBC 签署了一份关于逐渐将教育学院的管理责任转移给 PBC 的谅解备忘录，这一责任转移将教育培训体系也纳入高等

---

[1] S.C. Carr, K. Inkson, K. Thorn.From Global Careers to Talent Flows: Reinterpreting “Brain Drain” ［J］. Journal of World Business, 2005, 40（4）: 386-398.

教育体系。为了满足PBC关于高等教育机构的认定标准和条件，例如财政稳定性、土地所有权、机构规模等，教育学院纷纷通过独立或合并的方式来满足这些标准。目前部分教育学院已经完成了向高等教育机构的转变。自此，以色列所有公共资助的学术机构的规划和预算责任都由PBC负责，数量的增加加大了CHE和PBC的压力，导致很多认证程序变得缓慢和复杂，如何提升CHE和PBC的效率以及实施一个差异化的治理体系，促进高等教育体系根据系统、经济和社会的目标及需求做出调整的能力，成为当前以色列高等教育需要解决的议题。

以色列高等教育治理模式倾向于一个古典模式，即控制、规划、认证和预算由一个独立的、主要由杰出教师组成的机构实施，由于学术机构的高度自治受到立法保护，政府发挥监管机构的功能自然受到限制。目前高等教育治理的全球趋势是支持政府的监督和控制，对经典模式效率低下的指控在增长，以色列也是如此。一些人建议在高等教育治理中加强政府的角色，也有争论认为应减少治理中的政府和政治因素，通过市场力量来强化高等教育体系的竞争。作为对这些争论的回应，2014年11月，以色列总理办公室、教育部和财政部成立了以色列高等教育治理指导委员会（The Committee for Regulating the Governance in Higher Education），其成员除了PBC和CHE的资深代表外，还包括各类高等教育机构、相关政府办公室（包括总理办公室、财政部、司法部、最高法院和其他机构）的代表。这一组织的主要目标是重新建立高等教育治理的组织结构，评估大学与政府的互动，并表达了既维持高等教育体系某种程度上的自治，又体现政府政策以及国家的需要和目标的政治意图，强调规划程序、质量控制和学术认证三者间的正相关联系。

为了实现这些目标，政府要求委员会就以下议题进行讨论并提出建议：为 CHE/PBC 设计一个界限清晰的组织机构，包括行政结构、管理层级、角色分类、权力以及这一结构的具体职责；定义 CHE/PBC 的结构和其他相关政府机构的关系，这些关系在维持系统自治的同时，要将政府政策和国家需求和目标置于其中；改进监管程序和透明度，让公众更便捷地获得监管相关的信息，建立一个各利益相关方均可分享的系统性图景；根据立法和政府决议的变化来制定过渡条款和必要的改革政策。[1]

2014 年，这一机构提交了一份报告，其中建议成立一个高等教育管理局，将机构认证的权力从新的机构中分离出来；在 PBC 中保留一名学生代表；由教育部长任治理委员会的主席，并由前最高法官领导的委员会委任各委员会成员。[2]有人认为这些变化，尤其是保留教育部作为治理机构的负责人，尽管只是政治提名，可能会将政府的参与权力转变为控制。根据这些建议，以色列的治理模式似乎远离了市场导向的模式，并走向

[1] The Council for Higher Education，The Planning and Budgeting Committee. The Higher Education System in Israel [R] .Jerusalem：CHE&PBC，2014.

[2] Davidovitch N，Iram Y. Models of Higher Education Governance：A Comparison of Israel and Other Countries[J]. Global Journal of Educational Studies，2015，1(1)：16–44.

欧洲国家习惯的监管模式（见图 3–4）。目前，具体的改革策略仍在进行中。

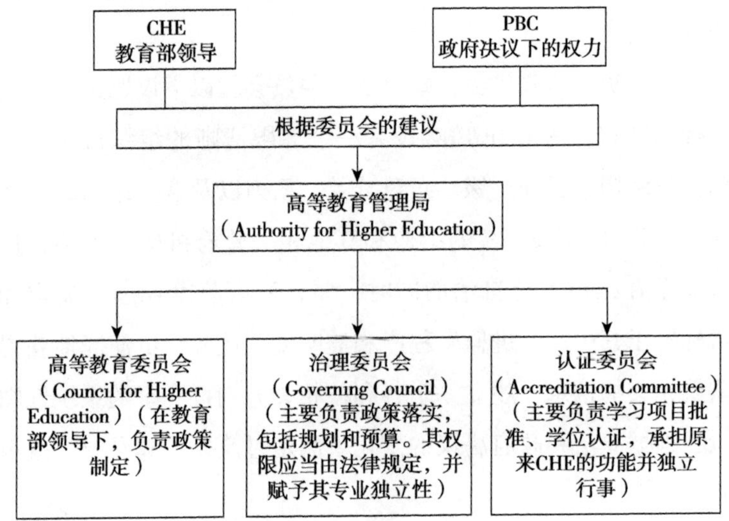

图 3–4　以色列高等教育治理模式

第四章　澳大利亚高等教育协同创新与人才培养*

进入21世纪以后，信息化与知识经济的发展特征越来越明显，科技进步与创新产业成为促进经济持续发展的动力源。澳大利亚在科研领域的发展起步稍晚于欧美国家，但很重视创新研究的重要作用，通过财政投入与政策支持，取得了显著的发展成就。20世纪八九十年代以来，澳大利亚的科技水平获得了长足发展，在农业、矿产、能源、生物、医学等领域具有很强的实力，甚至在一些高新技术领域处于世界领先地位。其高等教育的发展水平也很高，现有42所公立大学和1所私立大学，拥有4万余名科学家和工程师。其中，顶尖的8所著名高校组成的“八校联盟”(the Group of Eight)，在世界范围内享有较高的学术声誉。[1]高等教育体系在国家创新机制中占据重要位置，培养了大量高素质人才，对科技进步与经济发展产生

---

* 本章部分成果已在《外国教育研究》2019年第5期上发表。

[1] Bradley. Review of Higher Education [EB/OL] .http: //pandora.nla.gov.au/pan/92761/20090106-1537/www.deewr.gov.au/highereducation/review/highereducationreview.pdf.

了很大的推动作用。由于2008年金融危机所带来的消极影响，加上创新经济发展模式的兴起，为澳大利亚的科研创新以及经济发展带来了巨大挑战。[1]从吉拉德（Gillard）政府开始，联邦政府着重推动高等教育领域的改革，逐步制定倾斜性的发展政策，强化高校在其中的核心地位，将高校、研究机构、企业等整合在一起，集聚科研与创新力量，促进协同创新局面的实现，重新塑造“新经济”的发展特征。那么，澳大利亚科研创新领域在新时期的发展中面临着什么困境？如何构建宏观的协同创新系统以促进“协同效应”的产生？在推动改革过程中采取了哪些具体发展举措？针对澳大利亚改革政策与发展特点的探讨，对于我国在新时期如何推动创新型国家以及“双一流”建设，具有重要的启示与借鉴意义。

一、澳大利亚推动科研创新系统改革的动因

受到全球化进程以及知识经济的影响，创新与经济的联系越来越紧密，知识成为经济与社会发展的载体，知识与技术的创新有利于提升国家的竞争力。澳大利亚着手对现有科研创新体系进行改革，主要受到内外部因素的共同作用，由外部挑战带动本国内部危机的出现。受制于外部宏观经济转变的影响，澳大利亚在科研创新发展上面临着一系列问题与挑战，不得不寻求有效的解决方法。这些问题的症结主要表现在经济发展转

[1] 白华，兰玉．试论金融危机背景下澳大利亚高等教育改革［J］．黑龙江高教研究，2013（1）：54–58.

型缓慢，政府对科研领域的经费投入不足以及科研基础设施日趋老化，由此导致创新力发展滞后、人才匮乏等弊端，需要寻找新的突破点。

（一）外部宏观经济环境中科研创新的作用

随着科技发展的日新月异，全世界的面貌都焕然一新，科技进步成为重要的影响因子。以高校为核心的科研创新体系居于核心位置，对于促进社会经济发展，改善民众的生活水平起到至关重要的作用。尤其是在创新层面，创新是一种新的模式与思维应用，只有在现有的基础上创造新的产品、流程和商业模式，才能创造出新的文化环境以支持新理念的应用。创新在诸多领域扮演着重要角色，包括国防、交通、通信、教育、农业等。一些新兴的发展领域，比如互联网传播、应用程序开发、大数据与计算机处理技术等，给传统经济与产业带来了巨大挑战，以往注重低成本、低技术含量的行业模式逐步被淘汰。同时，也为创新经济模式的兴起提供了巨大的机遇。比如，优步（Uber）的运作模式影响了出租车行业，空中食宿（Airbnb）、脸书（Facebook）等公司掀起了商业革命，对技术革新与创新型人才培养提出了更高的要求。外部宏观经济环境的改变，为澳大利亚带来了广阔的全球市场，这既是一种挑战，也是一种机遇，需要挖掘一些新的经济增长点。

从 20 世纪末到 21 世纪初，澳大利亚获得了比较成功的发展经验，对科研的支持力度较大，重视高校的创新性研究，培养了大量高素质的技术人才，有效地提升了科技发展水平，也从中获得了很高的收益。从2006年的统计数据来看，澳大利亚高校的科研收入达到4.57亿澳元，平均1亿澳元的科研投入能产生24.8件发明创造，15.2宗专利申请，4.3件专利授予，15.2件专利许可。[1]同时，澳大利亚还存在着大量传统产业，长期以来凭借丰富的资源，其经济发展以传统的初级产品输出为主，在技术开发与创新应用上呈现出不足。联邦政府、产业界也深刻认识到经济发展中存在的问题，包括制造业落伍、高科技产品较少、科技与创新能力落后于其他发达国家等。加上全球金融危机产生的长期消极影响，澳大利亚近几年出现经济增长放缓，科研产出与创新排名出现下滑的倾向。因此，迫切需要重新加大对科研创新发展的支持与激励，尤其是高校和企业的创新能力，能够在创新经济模式中跟上发展潮流，保证拥有更大的竞争优势。

（二）政府对科研的经费投入增长不足

西方发达国家目前逐渐加大对高校科研的支持力度，不断提高经费投入的比例，加速科技进步的步伐。从2015年的统计数据来看，经济合作与发展组织（Organization for Economic Co-operation and Development，OECD）国家对研究与发展（R&D）的经费投入在GDP中所占的平均比例为2.38%，所占比重最高

---

[1] Government Office. Adding to Australia's Capacity，the Role of Research University in Innovation. A Submission from the Group of Eight to the Review of the National Innovation System［EB/OL］.https://www.aph.gov.au/Parliamentary_Business/Committees/House_of_Representatives_Committees?url=isi/research/report/fullreport.pdf.

的是韩国和以色列，分别为 4.3% 和 4.1%。[1] 与欧美国家不同的是，澳大利亚高校的科研发展缺少足够的私人基金支持，绝大部分科研经费来自政府拨款。同时，澳大利亚受到金融危机的影响，联邦政府的财政收入锐减以及预算受到限制，近些年针对科研创新领域的经费投入增长不足，造成其发展趋势减缓。而且针对高校的过度市场化运作也对科研投入产生不利影响，高校更注重直接的、短期的经济收益，对长远的科研投入比较忽视。由此造成科研创新的表现状况不甚理想，如 2009 年全球创新产出排名为 28 位，与美国、芬兰等创新强国相比，还是处于比较靠后的位置。[2]

澳大利亚对研究与发展（R&D）的经费投入受制于宏观经济不景气以及财政预算的影响，经费投入在 GDP 中所占的比重偏低。从统计数据来看，OECD 国家投入研发的经费在 GDP 中所占的平均比例，从 2000 年的 2.14% 增长到 2015 年的 2.38%。而澳大利亚投入研发的经费所占比例，从 2000 年的 1.48% 增长到 2014 年的 2.11%，[3] 总体仍低于 OECD 国家的平均水平。从具体的经费投入来看，包括直接的财政投入和税收减免激励，澳大利亚的政府投入只占到 GDP 的 0.7% 左右，在 OECD 国家中处于中下游水平。由于政府经费投入的不足，澳

---

[1] OECD. Gross Domestic Spending on R&D［EB/OL］.https：//data.oecd.org/rd/gross-domestic-spending-on-r-d.html.

[2] DEEWR. Higher Education Overview［EB/OL］.http//www.deewr.gov.au/HigherEducation/Pages/Overview.aspx

[3] OECD. Gross Domestic Spending on R&D［EB/OL］.https：//data.oecd.org/rd/gross-domestic-spending-on-r-d.html.

大利亚的研发经费出现紧缺现象，尤其是高校用于科研创新的投入明显减少，甚至出现经费交叉补贴的问题，即高校为了解决科研经费严重不足的问题，从其他领域挪用经费来补贴科研投入，比如教学经费与学生补助金，这些情况对高等教育质量造成消极影响。

（三）科研领域与产业界合作程度低且转化率下降

自 20 世纪 90 年代以来，虽然澳大利亚的高等教育市场化发展较为成熟，高等教育所带来的产值与收入占到国民经济的相当比例，但科研体系的市场化机制没有完全形成，高校与研究机构的经费多数由政府来承担，使得科研部门与企业的合作缺乏足够动力。一方面，科研体系由政府的经费资助来维持，形成比较封闭的系统，缺乏与产业界的合作与联系，也欠缺来自外部的有效竞争与激励，所从事的科学研究与产业界的实际需求相脱离，造成创新能力发展的不足；另一方面，科研体系的市场应用机制不健全，商业运作模式不成熟，科研成果大多停留于实验阶段，不能进行迅速有效的转化，加上企业所受的政策激励不够，产业界也并不热衷于将科研成果进行商业开发，造成科研成果的转化率下降。

因此，澳大利亚科研体系的互联性不高，高校、研究机构与企业之间的协作较差，大部分科研项目主要由高校和政府部门来共同承担。与其他 OECD 国家相比，澳大利亚科研部门与产业界的合作比例偏低，只占到 2%~3%，产研合作率在 OECD

国家中是最低的。[1]研究者受到商业雇佣的比例只有 43%，明显低于其他 OECD 国家，比如德国（56%）、韩国（79%）和以色列（84%）。2012—2013 年，澳大利亚只有 9% 的小型以及中型企业将研究想法投入到市场应用与开发中，而 OECD 国家中最好的 5 个能达到 19%。[2]一般认为，企业更接近于市场发展，而市场相比高校、研究机构更能提供创新信息与研究灵感。但澳大利亚企业从事研究的人员偏少，所占的比例也很低，也不利于企业与高校、研究机构开展合作。从 2014—2015 年度的数据来看，只有 3% 的企业机构向高校提供创新研究，大多数企业与公共资助的研究机构相脱节。

（四）高校科研创新研究人才储备不足

澳大利亚所推行的市场化改革，将高等教育作为重要的产业进行运作，给予了高校更多的自主权，获得了大量直接的经济效益。但过度的市场化开发也带来了消极影响，此种发展路径很容易受制于外部宏观环境，也给科研创新发展带来不利的结果。由于全球金融危机造成生源数量削减，加上政府经费投入不足，很多高校没有得到有效的经费支持。为了维持与资助现有科研项目，高校利用交叉补贴来支持研发，在人员与运行上消耗了大量经费，而现有科研基础设施

[1] Department of Industry，Innovation and Science. Australian Innovation System Report 2017［EB/OL］.https：//www.industry.gov.au/ data-and-publications/ australian-innovation-system-report-2017.

[2] OECD. Gross Domestic Spending on R&D［EB/OL］.https：//ata.oecd.org/rd/gross-domestic-spending-on-r-d.html.

长期得不到改善，设备条件出现老化陈旧的趋势。另外，澳大利亚用于支持科研创新发展的人才储备较少，现有从事科研工作的人员呈现老龄化倾向，而经费投入的不足限制了招收更多有意向从事科学研究的高学历学生，难以有效扩大科研创新领域的人才储备。与其他发达国家相比，澳大利亚在科学、技术、工程与数学（Science，Technology，Engineering and Math，STEM）领域发展滞后，科学研究的水平偏低，比较难吸引国外学生与技术移民，缺乏新鲜血液，而本土从事理工科学习与研究的人才较少。这些领域直接关系到科研创新水平的有效提升，而人才储备不足已经成为制约创新发展的瓶颈。

二、澳大利亚协同创新系统的构建

澳大利亚于 20 世纪末开始了高等教育改革与创新发展计划，其中便涉及科研创新领域，走过了比较长的发展历程。20 世纪 80 年代的“道金斯改革”（Dawkins Reform）将市场化路径引入高等教育领域，1999 年颁布的《知识和创新：科研和科研培训政策宣言》（*Knowledge and Innovation: A Policy Statement on Research and Research Training*）拉开了改革序幕，对国家科技创新活动进行了宏观规划。进入 21 世纪，澳大利亚加强对创新领域的投入，着眼于国家整体的创新能力的提升。2001 年，霍华德（Howard）政府提出了名为“提升澳大利亚的能力——通过科学与创新构建未来”（Backing Australia’s Ability—

Building our Future through Science and Innovation）的创新行动计划，主张将高校绩效报告和政府拨款预算进行结合，对高校的科研表现进行绩效管理。2003 年的“尼尔森改革”（Nelson Reform）突出对高校的教学、科研绩效进行考核和评估，大力促进科研成果的市场化与商业化运作。2008 年金融危机之后，澳大利亚对高等教育及创新发展进行全面审查，出台了《高等教育审查报告》（*Review of Australian Higher Education*）和《科特勒报告》（*Cutler Report*），集中有限资源投入到高校以及科研部门，以刺激经济的恢复。

（一）相关政策的拟定与颁布

近几年来，为了应对新时期所面临的困境与挑战，澳大利亚联邦政府推动了新一轮的改革，颁布了一揽子政策，从各方面促进科研与创新的发展。具体来看，从吉拉德政府到特恩布尔政府时期，澳大利亚联邦政府委托民间机构与科学家来负责，对高校与研究机构的科研基础设施、创新成果产出以及人才培养状况进行评估，基于实际调查结果完成相应的咨询报告，为政府拟定政策提供参考依据，最终出台了相应的政策与计划。2010—2018 年，澳大利亚联邦政府颁布了一系列改革政策，涉及科研创新领域的多个方面，具体包括：科研基础设施、合作研究、人才培养、科研成果转化等。

2010 年，教育与培训部（Department of Education and Training）提出了“合作型研究网络项目”（The Collaborative Research Networks Programme），目标是增强小型以及地方大学开展研究

的能力。2014年，教育与培训部成立了“高等教育基础设施工作组”(Higher Education Infrastructure Working Group)，对高校的硬件设施状况进行评估，重点强调改善高校的科研基础设施。2015年，联邦政府发布《国家创新与科学议程》(*National Innovation and Science Agenda*)，在文化与资本、协作、人才与技术以及政府四个方面为创新发展提供支持框架。2016年，联邦政府拟定《2016年国家研究基础设施路线图》(*2016 National Research Infrastructure Roadmap*)，由教育与培训部，工业、创新与科学部（Department of Industry，Innovation and Science），健康部（Department of Health）以及环境与能源部（Department of the Environment and Energy）联合支持实施，这是自2005年和2011年以来的第三个发展战略。2016年，联邦政府发布《国家合作研究基础设施战略》(*National Collaborative Research Infrastructure Strategy*)，对科研基础设施给予大力支持；同年，联邦政府还发布《网络安全卓越战略》(*Cyber Security Excellence Strategy*)，主张建立网络安全卓越项目，培养高技术的网络安全专业人员。2017年，工业、创新与科学部发布最新的《2017年澳大利亚创新体系报告》(*Australian Innovation System Report 2017*)，介绍了创新体系的结构及运作情况，指出其中存在的问题与弊端。2018年，联邦政府还发布了《澳大利亚愿景2030：通过创新实现繁荣》(*Australia 2030：Prosperity through Innovation*)，致力于建立创新型国家，加速本国的创新体制建设与科研发展。

（二）卓越发展目标与系统构建

澳大利亚所颁布的系列改革政策，旨在对原有高校科研体系进行升级与扩展，核心是构建更加完备的科研创新系统。通过对政策文本进行详细分析与解读，梳理相关的发展目标，笔者发现其中存在的相似点在于实现协同创新。其核心内容是推动科研创新系统的深化改革，建立合作共赢的协同机制，提升不同机构之间的协作程度，以形成系统的多元化功能。澳大利亚希望凭借协同创新系统的建立与完善，推动一系列卓越发展目标的实现，包括创新能力建设、经济增长、成果转化等。具体目标包括以下几点。

卓越目标 1：积极推动科研创新能力发展，将澳大利亚建设为全球领先的创新国家。未来国家之间的竞争体现在科研与创新领域，澳大利亚重点关注创新研究领域，完善科研基础设施建设，推动高校、研究机构的创新能力发展，增加合作研究团队的数量，促进协同创新目标的实现。将创新研究能力提升到一流水平，确保在全球竞争中处于优势地位，使澳大利亚发展成为世界范围内顶级的创新型国家。

卓越目标 2：利用创新来促进经济增长，保障澳大利亚的持久繁荣发展。科研创新领域的激励与发展，原创性成果应用以及科技水平提升，有助于促进经济增长水平的恢复，为普通民众提供更多的工作岗位，改善社会公共福利，维持现有高水准的生活状态。由此，澳大利亚社会经济的持续繁荣发展得以保障。

卓越目标 3：促进科研成果的商业化运作，将科研创新成果转化为澳大利亚的社会生产力。澳大利亚对科研创新领域的改革中，最重要的一环是促进不同机构之间的协作，及时有效地将科研成果商业化。澳大利亚着重推动产业界与研究领域的广泛合作，确保世界一流的研究成果能得到积极应用，直接转化为社会生产力，为国家带来经济和社会效益。

卓越目标 4：确立优先资助研究领域，刺激澳大利亚经济新增长点的出现。澳大利亚在推进协同创新发展中确立一些优先支持的研究领域，包括高级制造业、信息通信技术、健康医学科学、食品和农业产业等。吸引优秀的科研人员和创新者进入这些领域，促进研究成果与新技术的开发与应用，成为拉动澳大利亚“新经济”转型发展的动力源。

为实现上述卓越目标，澳大利亚推动的改革将多个重要利益相关者囊括进来，包括政府、高校、研究机构、企业、民间组织等，构成促进科研创新发展的完备系统。对于这一系统可以借用系统论观点来进行分析，系统论是在 20 世纪中叶由贝塔朗菲（Ludwig Bertalanffy）所提出。贝塔朗菲将系统定义为由若干要素以一定结构形式联结构成的具有某种功能的有机整体。系统论的核心思想是系统的整体观念，将各种不同的要素包含在内，构成要素、系统与环境之间的关系。[1] 贝塔朗菲强调，任何系统都是一个有机的整体，它不是各个部分的机械组合或简单相加，系统的整体功能是各要素在孤立状态下所没有

[1] [美]冯·贝塔朗菲.一般系统论：基础、发展与应用[M].林康义，魏宏森，等译.北京：清华大学出版社，1987：34.

的性质。[1]系统中各要素不是孤立地存在着，每个要素在系统中都处于一定的位置，起着特定的作用。澳大利亚所建立的协同创新系统是以高校为核心，围绕推动创新发展为同一目标，将不同机构的功能整合起来，共同构成不可分割的整体。不同机构在系统中承担着各自的角色，比如，政府提供政策激励与绩效拨款，高校进行创新人才培养与科研基础设施建设，研究机构开展合作研究与开拓创新研究领域，企业组织建立创新文化与科研成果转化等。尤其在宏观政策的引导下，不同机构之间的联系相对以前更加紧密，构成一个完整的系统，发挥着比单个机构更为多元的功能。同时，该系统并不是封闭的体系，而是一个开放性系统，接受来自于外部的信息与资源，受到外在环境与条件的影响。[2]吸收来自外部的政策支持、人才队伍、经费资助等，投入系统的整合与运作中，最后产出创新成果并得到广泛应用。

此外，澳大利亚构建的协同创新系统将协同机制的原理应用到创新研究领域之中。世界范围内积极提倡协同创新理念，主张建立国家创新机制，强调从单个学科创新发展到融合多学科，实现跨学科与跨行业的创新，打破原有的学科与行业界限。协同创新理念有助于在组织内部进行有效分工与协作，建立资源整合与利用机制，提高各种资源的有效应用程度，从而

---

❶ ［美］冯·贝塔朗菲．一般系统论：基础、发展与应用［M］．林康义，魏宏森，等译．北京：清华大学出版社，1987：51.

❷ 任佩瑜，张莉，宋勇．基于复杂性科学的管理熵、管理耗散结构理论及其在企业组织与决策中的作用［J］．管理世界，2001（6）：142-147.

推动创新管理，将组织的独特优势转换为竞争力。[1]澳大利亚对原有的科研合作机制进行全面升级，从开展合作到形成协同，构建“政产学研用”合作的协同创新机制。政府、企业与高校是其中最关键的主体，三者之间形成密切合作、互相支持、协同发展的关系。新机制打破了不同部门之间条块化、分割化的趋向，在构建共同目标的指引下形成高度协作，以促进“协同效应”的产生；着重发挥机构内部、机构之间对于资源的共享利用，包括知识与技术，将不同部门进行有效整合，构成一个有机整体，发挥出优异的整体效能。相比以前，协同创新系统的独特性在于改变了传统的科研模式，将企业人员引入高校、研究机构的研发过程中，使研究人员与企业开展更为紧密的合作，共同开发创新产品和新技术，而不是高校与研究机构取得研究成果后再去推广，加快了科研成果的产业化进程。

（三）各机构在系统中承担的角色

澳大利亚协同创新系统是以高校为核心，其他机构在其中也发挥着各自的功能，提升了系统的整体效能。为了促进协同效应的产生，不同机构在系统中承担着不同的角色，而机构之间的联系与合作有助于促进创新研究目标的实现。

政府部门改变了自身的传统角色，不再是单纯的经费提供者，而是协同创新的主体。在协同创新系统中主要承担着政策制定、经费资助、绩效评估的角色。联邦政府新成立了澳大利亚创新与科学局（Innovation and Science Australia），将科研与

---

[1] 周作宇. 协同创新政策的理论分析［J］. 高教发展与评估，2013（1）：1–17.

创新作为制定政策的核心，包括税收减免、人才签证、政府采购等，为创新发展提供良好的外部环境。确立优先发展领域，对科技前沿研究进行长期资助，以科研经费投入为导向，鼓励不同机构的研发活动和创新研究，促进高校、研究机构与企业之间的有效协作。此外，政府还会对高校与研究机构的科研绩效状况进行评价，根据评价结果来拨付竞争性经费，促进不同机构之间的充分竞争。

高校作为协同创新系统的核心，为创新发展提供公共平台，将研究机构、企业以及民间组织整合在一起。高校在系统中承担着研究实施、人才培养以及成果提供的角色。高校主要开展基础性与原创性研究，还与企业共同致力于合作研究，组建跨学科、跨专业的研究团队，对接产业的研发项目，联合研发新产品，进行技术更新与升级，从而提供创新研究成果。高校还承担着人才培养的重要职责，对人才培养模式进行深入改革，注重研究生的创新与创造能力，培养大量优秀的研究型与技术型人才，使其能从事创新性研究工作，为研究机构与企业提供人才储备。同时，还建立了一些人才培养的合作机制，如建立学术工作坊以开展科研合作，召开学术会议与论坛，对研究生进行联合培养等。

研究机构主要包括民间独立的科研院所，还有多种机构共同参与建立的合作研究中心（Cooperative Research Centers）等，是推动创新研究的中坚力量，在协同创新系统中承担着合作研究以及成果提供的角色。研究机构作为高科技成果的孵化器和生产中心，从全球吸引优秀科研人才，从事创新性和应用性研究，与高校进行互补。同时在政府经费投入和项目支持下，与高校、企业之间开展合作研究，加强与产业界的联系，将大量创新研究成果转化为新产品和新技术，持续投入到市场开发中。

企业组织作为产业界的代表，在协同创新系统中承担着项目合作以及成果转化的角色，是推动创新成果积极应用的关键力量。企业凭借着市场竞争的敏锐性，能够明确自身的发展需求，通过提供研究项目以及经费资助，与高校、研究机构开展项目合作。企业还积极参与建立科研合作伙伴关系，派遣人员到高校、研究机构共同开展设计、应用研究等工作，获得创新研究成果。同时积极推广和转化最新的科研成果，将其进行市场化和产业化运作，推动科研成果的商业化进程。

此外，一些民间组织在协同创新系统中发挥着相应的功能，包括评估协会等，主要承担着专业评估、报告撰写以及政策咨询的角色。这些民间组织受政府部门委托，对高校、研究机构等开展独立的审查与评估工作，撰写客观全面的咨询报告，为科研创新政策的拟定提供参考依据。

三、澳大利亚促进科研创新发展的主要举措

在协同创新系统构建的基础上，澳大利亚采取具体的发展措施，包括政策支持、经费资助以及合作项目，引导系统内不同机构之间进行高度协作，积极开展合作研究，以达成“协同效应”的发展目标。其中，联邦政府加强对创新研究的干预和

支持力度，协调不同机构之间的利益关系，高校和研究机构负责具体实施，突出科研新增长点和人才培养储备，企业则促进创新成果的积极转化应用，将研究成果转变为社会生产力。

（一）增强政府在科研中的作用

与欧美国家存在着不同，澳大利亚高校的科研经费主要来自政府拨款，缺少私人经费的投入。为了促进创新能力建设，澳大利亚加强联邦政府在协同创新系统中所发挥的作用，增加对创新研究的支持力度。主要通过投入经费到教育、科研以及基础设施来支持创新发展，还有激励商业投入，消除管理障碍，比如对于雇员分享产权或者设置专门经费进行支持。从具体措施来看，首先，联邦政府在未来政策制定中以科研创新为核心，建立统一的机构来负责研究、计划与建议，从长期的战略视野方面促进协同创新。具体来说，成立全新的独立机构——澳大利亚创新与科学局，由产业部长直接负责，对科研创新工作进行有效监管。其次，通过政府采购来鼓励创新，利用相关技术来改进政府服务，启动中小创新性商业项目。通过商业研究与创新计划来试行政府采购的新方法，减少采购过程中的限制，为中小型企业提供发展契机。最后，促使政府部门投身到数据革命中，消除不同政府部门之间的沟通障碍，更好地利用海量的公共数据。

澳大利亚通过对科研创新的经费资助，设立创新研究项目，引导高校和研究机构从事原创性研究。2015—2016 年，联邦政府投入 97 亿澳元到研究与发展（R&D）中，其中 32 亿澳元直接用于支持商业部门的研发活动，其他的经费都投入到高校与研究机构中。[1]联邦政府直接拨付经费进行基础设施建设，还提供研究补助金，主要用于支持科研实施和人员训练，鼓励高校从事符合特定政策目标的研究。比如，2015年通过联合研究参与计划（Joint Research Engagement Scheme）投入3.53亿澳元以支持科研基础设施建设，通过补助金项目投入2.4亿澳元用于设备购买与人员经费，通过持续性研究卓越项目（Sustainable Research Excellence）投入1.93亿澳元以覆盖科研的间接成本。[2]此外，还通过一些政府部门和民间机构管理的竞争性经费项目，对高校的科研项目进行资助。2016年，澳大利亚研究协会（Australian Research Council）和全国健康医学研究协会（National Health and Medical Research Council）分别投入7.9亿和8.46亿澳元到高校科研中，还有澳大利亚南极局（Australian Antarctic Division）、可再生能源局（Australian Renewable Energy Agency）也对高校的研究项目进行经费资助。[3]

（二）改善原有的科研基础设施

为了给创新研究提供良好的基础，澳大利亚着手调整对于高校的科研经费投入，首要是对科研的直接与间接成本进行核

---

[1] Australian Government.National Innovation &Science Agenda［EB/OL］.http：//innovation.gov.au/page/agenda.

[2] Department of Education and Training. Higher Education Infrastructure Working Group Final Report［EB/OL］. https：//docs. education.gov. au/node/42246.

[3] Australian Government. National Collaborative Research Infrastructure Strategy［EB/OL］. https：//www.education.gov.au/national-collaborative- Research-infrastructure-strategy-ncris.

算与评估，基于数据分析衡量科研投入与产出比。澳大利亚借鉴国外的做法，尤其是英国的经验，收集关于科研成本的数据。2012年，高校的科研投入为96.1亿澳元，人力成本所占的比重最大，大约为38.9亿澳元，固定资产为10.3亿澳元，包括土地、建筑设施等。为了覆盖科研成本，高校从一般经费中支出53.4亿澳元，超过50%的比重，政府提供了30.7亿澳元的经费资助，剩余12亿澳元需要从其他方面支出。高校的科研成本占到整个经费支出的41%，由于政府投入所占的比重偏低，高校往往需要利用交叉补贴来弥补科研成本，据估计每年的补助金额接近50亿澳元。[1] 其中，科研基础设施的购置与运行成本增大，而经费投入的不足造成基础设施的老化，在成本核算中需要加以重视并改善。

澳大利亚加强针对创新研究的基础设施建设，包括高校科研设施的更新，还有日常的运作费用等。在“国家创新与科学议程”中，力主建立世界顶尖的科研基础设施，分别投入5.2亿和2.94亿澳元到同步加速器项目（Australian Synchrotron）与阵列射电望远镜项目（Square Kilometre Array）。同时，总共投入15亿澳元到为期10年的“国家合作性研究基础设施战略”中，其中2014年度为8000万澳元，2015年度为1亿澳元，2016年度为1.5亿澳元。[2] 这些经费主要用作科研基础设施维

---

[1] Department of Education and Training. Higher Education Infrastructure Working Group Final Report［EB/OL］. https：//docs. education.gov. au/node/42246.

[2] Australian Government. National Collaborative Research Infrastructure Strategy［EB/OL］. https：//www.education.gov.au/national-collaborative- Research-infrastructure-strategy-ncris.

护，进行常规的设备替换和购置新设备，培养合格的设备运行人员，从事管理和行政性活动等。还通过一系列总计7.86亿澳元的科研支持项目，主要用于基础设施的支持与更新，设备的购买以及科研的间接成本。对于科研基础设施的经费投入能够保障高校科研工作的顺利开展，从而不断提升自身的全球竞争力。

（三）探索新的创新研究增长点

澳大利亚现有的经济模式较为依靠传统的资源出口，制造业老化，总体上缺乏新的增长点。出路在于利用科技与创新发展，促进现有技术的更新升级，培养与之相适应的创新型人才，寻找新的经济增长点。在具体措施中，澳大利亚确定了若干重点发展的领域，还提到一些新兴的科技领域。一个是网络安全与数字化技术领域，总共投入2.3亿澳元以建立“网络安全卓越项目”，致力于建立强大的安全网络，培养具有高科技素养的专业人员。到2020年将澳大利亚建设为具有网络合作、强有力的网络防御、网络智能化的国家；[1]另一个是科学、技术、工程与数学领域（STEM），需要吸引更多的人才到这些基础研究领域中，培养更多的创新型人才的储备。其他还包括一些新兴的领域，包括健康与医学科学、环境与自然资源管理、材料学等。将科技发展与创新型人才培养结合，鼓励学生投入到这些领域的学习与研究中。

[1] Department of the Prime Minister and Cabinet. Cyber Security Strategy [EB/OL]. https：//cybersecuritystrategy.dpmc.gov.au/.

此外，还围绕如何吸引与培养创新型人才为核心，从完善人才培养到技术开发，再到改革签证程序，吸引海外的优秀人才。首先，改善高校的人才培养基础，设立专门的信息通信技术项目（Information Communications Technology，ICT）和STEM项目，提升教师的研究能力，引入科学家和ICT专业人士进行课堂教学，通过数字化技术课程实施在线学习与辅导。其次，实施优惠政策，建立奖励机制来激励年轻学生进入STEM领域学习，同时投入4800万澳元以支持学生参与科学与数学领域的竞赛，增加青年学生的学习兴趣与动机，还鼓励女性进入到STEM领域。再次，鼓励更多的学生学习网络安全，培养具有高水平的研究生，养成网络安全实践的能力，增强危机管理以及技术训练，帮助国家构建网络安全体系。最后，改善签证程序，促进更多的企业家和创新人才来到澳大利亚，利用现有的海外网络体系，积极寻找具备先进技能的人才，为STEM和ICT领域的高水平硕士和博士研究生提供永久居留权。

（四）加强高校与企业的协作力度

澳大利亚在促进校企合作上，和其他发达国家相比较弱，导致科研成果的转化率偏低。为了促进协同创新，澳大利亚着重提升高校、研究机构与企业之间的协作程度，积极开展合作研究，促进产学研合作，尤其是开发中小型地方高校的科研能力。在“合作型研究网络项目”中，总共建立了15个合作项目，旨在改善中小型地方高校的科研能力，同时促进此类高校与其他研究机构之间的有效合作。最终有34所高校参与到该项目中，包括16所地方高校和18所大型高校，总共占到整个高校数量的80.4%。[1]比如，中小型地方高校——中央昆士兰大学（Central Queensland University）和大型高校——科廷大学（Curtin University）、昆士兰科技大学（The Queensland University of Technology）、昆士兰大学（The University of Queensland）之间进行合作研究。在实施过程中，投入经费到中小型地方高校，与其他大型高校以及研究机构进行合作，为从事科研工作的教师提供培训。其目标是提高地方高校的科研能力，增加达到世界顶级水平的研究团队数量，培养更多从事学术研究的高学历学生。

在积极开展合作研究基础上，逐步加强科研成果在企业中的转化应用，将创新研究成果转变为生产力。首先，促进高校与企业的合作，从2017年开始建立清晰透明的评估机制，对高校的科研绩效状况进行评价，尤其是对非学术影响力和企业参与度的考察，根据评估结果来提供分类经费补助，从而增强高校与企业进行合作的动力。其次，增加企业与研究机构的联系，将更多中小型企业与研究机构联系起来，持续性投入合作研究经费，建立合作性研究中心。再次，增强与全世界范围内重要经济体之间的联系，包括与硅谷（Silicon Valley）、特拉维夫（Tel Aviv-Yafo）等高科技产业集群的联系，提升科研、商业化程度以及企业绩效，从而获得国际供应链以及全球市场。最后，投资未来的信息科技发展，建立新的网络安全中心，投入

[1] Department of Education and Training. Collaborative Research Networks [EB/OL]. https://www.education.gov.au/collaborative-research-networks-crn.

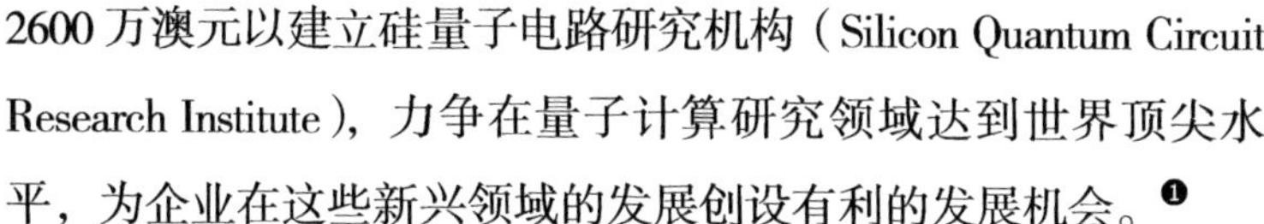

2600 万澳元以建立硅量子电路研究机构（Silicon Quantum Circuit Research Institute），力争在量子计算研究领域达到世界顶尖水平，为企业在这些新兴领域的发展创设有利的发展机会。[1]

（五）培育企业家精神与创新文化氛围

企业作为产业界的核心，是将科研成果进行转化的载体，也是促进创新发展的重要机构。为了促进协同创新的持续性发展，澳大利亚着手建设有利的外部环境，培育企业家精神，促进创新文化的构建。首先，修订现有的税收政策与商业法律，对一些刚处于创业起步阶段的投资者提供税收减免优惠，根据经费投资规模，给予投资者 20% 的非退还税收减免，还有针对资本收益的税款减免的优惠。模仿英国的一些成功做法，比如建立种子企业投入计划（Seed Enterprise Investment Scheme），在头两年为 2900 个企业提供 5 亿澳元的补助。其次，建立风险资本投入机制，为早期风险资本投入提供 10% 的非退还税收减免，增加对于资本的最高限制，从 1 亿澳元提高到 2 亿澳元[2]；再次，消除一些限制无形资产缩水的管理制度，比如专利制度，容许其根据周期对自身价值进行适当的折价。改革现有的法律制度，减少原有的破产周期，从三年减到一年，引入安

---

[1] Department of Industry，Innovation and Science. Australia 2030：Prosperity through Innovation［EB/OL］.https：//www.industry.gov.au/ data-and-publications/australia-2030-prosperity-through-innovation.

[2] Department of Industry，Innovation and Science. Australia 2030：Prosperity through Innovation［EB/OL］.https：//www.industry.gov.au/ data-and-publications/australia-2030-prosperity-through-innovation.

全港湾计划（Safe Harbour），明确负责人交易破产的个体责任。最后，建立总值2亿澳元的联邦科学与产业创新基金（Federal Science and Industrial Innovation Fund），鼓励一些新公司与研究机构、高校共同投资，确保一些关键领域在未来保持竞争优势。

四、澳大利亚协同创新的思考启示

随着知识经济的迅速发展，西方发达国家纷纷加强科研投入以及创新成果应用，从国家层面加强科研与创新能力建设，培养高层次、高水平的创新型科技人才。澳大利亚属于其中比较典型的案例，近些年拟定和颁布了一揽子改革政策，构建以高校为核心的协同创新系统，促进协同创新局面的出现。通过创新研究水平的提升、创新型人才的培养以及科研成果的转化应用，保证自身的科技发展水平，带动经济增长率的恢复，有效提升了国际竞争力。如同澳大利亚前总理马尔科姆·特恩布尔（Malcolm Turnbull）所述："创新与科学发展将帮助澳大利亚在21世纪建成为一个现代化的、富有活力的、科技发达的经济体。"[1]随着改革政策的推行，澳大利亚在近几年取得了一些发展成就，创新力指数排名得到了提升，经济增长水平也逐渐恢复。从统计数据来看，澳大利亚的全球创新指数排名从2017年的23位上升到2018年的20位，在OECD国家中处于

[1] Australian Department of Industry, Science,Energy and Resources［EB/OL］.https://www.industry.gov.au/data-and-publications/australia-2030-prosperity-through-innovation.

中上游水平。[1]GDP 增速水平也逐渐提升，2017 年的经济增长率恢复到 3% 左右，位列全世界第 25 位。我国目前正在推行创新型国家建设，包括实施“双一流”建设、创新驱动发展、“双创”战略等，针对澳大利亚科研创新系统改革进行研究，总结其成功实施的模式与经验，对我国而言具有一定的启示意义。

（一）政府应积极出台激励性政策

政府应积极出台激励性政策，建立以高校为核心的创新体系。科研创新对于国家竞争力的提升起到至关重要的作用，而高校在其中扮演着关键角色，为协同创新发展提供科研平台与人力支持。我国在促进创新发展上，政府应加强对于科研创新的支持力度，拟定针对性的激励政策，包括科研经费资助、合作研究项目、科研绩效评估等，积极引导开展创新性与应用性研究。还应构建以高校为核心的国家创新体系，突出高校在其中的平台作用，加强与创新研究密切相关的建设，包括硬件设施、人才队伍、合作机制等方面。同时，促进高校多元化功能的实现，将系统构建与功能实现结合起来，不应局限于科学研究，而且应凸显人才培养、成果转化、社会服务等功能。

（二）积极构建协同创新机制

积极构建协同创新机制，提升不同机构之间的协作程度。

---

[1] Cornell University，INSEAD，WIPO. Global Innovation Index 2018：Energizing the World with Innovation［EB/OL］. http：//www.wipo.int/publications/en/details.jsp？ id=4330.

协同创新的理念主张打破原有的学科与行业界限，推动多学科的融合和跨行业的协同，促进创新结果的出现。紧密联系与共同协作对于创新体系来说至关重要，应积极推动系统内不同机构之间的紧密协作，构建协同发展模式。我国在促进创新发展上，需要努力构建协同创新机制，促进政府、高校、研究机构、企业以及民间组织之间的有效协作，构建“政产学研用”的合作体系。需要打破不同行业之间的界限，合作构建协同创新平台，实现人才、资源以及技术的有效整合，以求达到最优化配置。其中，最重要的是积极组建跨学科、跨行业研究团队，共同进行设计并制定研究目标，与产业研发项目进行对接，加强高校、研究机构与产业界的联系，将研究成果及时进行市场化与商业化运作，提升研究成果的转化率。

（三）对科研绩效进行科学评价

对科研绩效进行科学评价，逐步建立绩效拨款机制。澳大利亚长期以来推行科研绩效拨款，在改革中也对高校和研究机构进行绩效评价，对关键领域实行优先资助与重点扶持，注重研究结果导向，提高科研经费的使用效率。我国在促进创新发展上也需要建立绩效评估机制，将经费拨付与绩效评估结合起来。首先，对高校和研究机构进行绩效审核与评估，全面掌握其科研实力状况。其次，根据实际表现给予竞争性经费资助，在研究实施过程以及结果获得阶段分别进行科学评估，保障科研经费的使用效率。目前实施的“双一流”建设很关注对重点高校以及关键学科的支持，其中也涉及科研项目和经费拨付，对于该部分经费的有效使用，需要依据科学的评估结果。对高校以及学科的绩效表现进行有效评估，尤其是优先发展领域的创新性研究以及成果转化率，根据阶段性评估结果来进行持续性资助，可以促进机构之间的充分竞争，从而有效提升经费的使用效率。

第五章　新加坡高等教育创新发展与人才培养*

新加坡作为一个东南亚岛国，自1965年建国以来，就以其强烈的忧患意识和全球视野克服了土地和自然资源短缺的先天劣势，大力发展科技与教育，获得了超常规的跨越性发展，成为亚洲“四小龙”之一。随着第四次工业革命的发展，互联网、人工智能等新技术的发展不断重塑教育形态，新加坡强调“智慧”立国，提高科技创新能力，全力发展世界级“教育中心”，在全球人才大战中取得显著成效。应对新时代的挑战，新加坡高等教育更是提出了“国际合作培养创新人才”“国家战略加快信息技术普及”和“全民推进构建终身学习体系”等针对不同层级的改革举措，有力推动了高等教育现代化发展和国家核心竞争力的提升，通过对新加坡高等教育创新发展的分析，可以为中国的高等教育人才培养政策提供启示和借鉴。

---

* 本章部分内容已在《首都师范大学学报（社会科学版）》2020年第1期上发表。

一、新加坡高等教育发展面临的挑战

（一）工作智能化亟须高附加值的人才资源配置

作为东南亚岛国，新加坡尽管有着优越的地理位置，但自然资源却极其贫乏。正因为如此，人才资源成为新加坡社会和经济发展的最大原动力。为此，新加坡政府长期以来不遗余力地培养和吸引各类高层次人才，以教育推动科技强国。可以说，教育在新加坡的国家建设和发展历程中发挥着十分重要的战略作用。在新加坡政府看来，无论是高等教育的人才培养，还是继续教育的技能培训，都不只是被动适应企业发展的现实需要，更是立足国家发展愿景，为经济转型和产业发展培养充足的未来人才储备。随着第四次工业革命的到来，越来越多的职业岗位建立在智能化基础上，这也对人才资源提出了更高的素质要求。一方面，随着产业转型升级，生产型岗位的高需求逐渐被设计型岗位所替代，创新素质成为企业人才需求的重要关注点；另一方面，随着智能化程度的日益提升，企业的人才需求数量逐渐减少，但要求不断提高，特别是对人才的专业能力和综合素质提出了更高的要求。智能化时代的高素质人才不仅要懂得如何获取资源和筛选信息，而且要具备批判性思考和创造性解决问题的能力，不仅具有终身学习的意识和能力，而且能够有效沟通交流并进行团队合作。要适应产业革命对人才的高素质要求，就需要新加坡的教育能够始终站在产业变革的前沿，不断更新教育内容和方法，培养学生掌握最新的知识和技能。可以说，教育已不仅仅是新加坡人才资源开发的基本方式，更是人才资源提升的重要途径。

（二）经济转型重构导致本国公民就业压力增大

随着第四次工业革命的到来和经济结构的转型重构，新加坡公民的失业率一直居高不下。新加坡具有独特的人口环境特征，2019 年新加坡总人口 571 万，其中，新加坡公民 350 万人，常住居民 53 万人，非居民 168 万人。[1] 长期以来，新加坡政府通过改变就业许可证的类型和签发签证的技能要求来获得所需要的劳动力类型。[2] 非居民就业证主要用于支持新加坡目前缺乏人才的诸如建筑业、高端计算机等行业；长期居民的数量则根据政府和行业所需的技能，相对于新加坡公民现有的技能进行调整。以此作为调控杠杆，保证更多的工作机会提供给掌握最新技能的新加坡公民。尽管如此，新加坡公民的就业压力仍未得到根本解决。更为重要的是，与以往的失业不同，第四次工业革命所带来的结构性失业意味着新工作和新岗位需要的职业能力与之前工作岗位的职业技能要求很可能并不相同，这就需要劳动者以更主动的学习态度和更综合的能力素质寻找新的工作机会，适应不同职业和不同产业间的技能转移。而接受再培训和终身学习则是获得就业能力和市场竞争力的重要

[1] Department of Statistics Singapore.Population Trends，2019［R/OL］.https：//www.singstat.gov.sg/–/media/files/publications/population/population2019.pdf.

[2] Nancy W. Gleason.Higher Education in the Era of the Fourth Industrial Revolution［M］. Singapore：Springer Nature Singapore Pte Ltd，2018：152.

方式。

（三）人口结构老龄化趋势造成教育机构调整

新加坡面临着人口老龄化的挑战。据统计，2019 年新加坡 65 岁以上居民占人口比例的 14.4%，居民平均年龄为 41.1 岁。[1] 事实上，这两个数据近十年来不断提高，并且预计今后还将继续上升。新加坡联合海外银行经济学家弗朗西斯 · 坦的一份研究显示：2018 年，65 岁及以上的人口比例首次与 15 岁以下的年轻人相匹配。新加坡正面临着劳动力和人口迅速老龄化的问题，面临着自独立以来最严峻的经济和社会挑战。按照这样的速度，在 2030 年，新加坡老龄人口的比例将超过最年轻居民的两倍。[2] 由于人口结构的老龄化，新加坡政府不断减少中小学数量，高等教育机构的入学率也在下降。这一人口趋势意味着，新加坡政府不仅要为高等教育机构的总招生人数减少做好准备，而且必须增加对成人学习者的教育投资。高等教育的政策和机构，必须要支持所有年龄段公民的学习，而不仅仅是 18—25 岁的学龄人口，以确保有足够多的合适劳动力，并为政府持续提供税收收入。

---

[1] Department of Statistics Singapore.Population Trends，2019［R/OL］.https：//www.singstat.gov.sg/–/media/files/publications/population/population2019.pdf.

[2] 新加坡人口老龄化趋势严重，经济面临严峻挑战［EB/OL］.http：//www.yocajr.com/news/17255.

二、新加坡高等教育创新发展的战略策略

2017年2月，新加坡未来经济委员会发布《未来经济报告》，概述了新加坡为迎接第四次工业革命将会采取的经济战略。这是继2010年经济战略委员会工作的后续行动，旨在应对产业转型背景下的社会经济挑战。此外，新加坡教育部还在2017年3月进一步发布高等教育和终身学习环境五年改革计划。该计划从扩大高等教育学习途径和提供终身学习机会两方面提出改革方向，旨在支持“未来技能”运动，拓展新加坡居民受教育的学习途径，帮助个人找到兴趣所在，并在此基础上使其得到更加完善的教育。[1] 国际合作创新、国家智慧学习、个人技能精进成为新加坡高等教育不同层级的战略举措，以应对第四次工业革命的挑战，推进高等教育的现代化发展。

（一）构建多样自治的国际合作策略

1. 新加坡教育部不断强化国际化合作办学

过去十多年间，新加坡高等教育发生了明显变化。一方面，新加坡接受高等教育的人口数量比例显著提高。在25岁及以上居民中，持有大专及以上学历的比例从2008年的40.4%升至2018年的55.8%，增长了15.4%；同期，大学毕业生比例从21.8%升至31.6%，持有文凭和专业资格证书的比例

[1] 王方舟．新加坡发布高等教育和终身学习环境五年改革计划［J］．世界教育信息，2017（10）：72-73.

也从 12.1% 升至 15.1%。另一方面，接受高等教育人口结构也发生了变化。不仅年轻人更倾向于完成大学教育，而且年龄稍大人群的终生学习投入也在不断提高。2008—2018 年，25—34 岁的居民大学毕业生占比从 44.1% 升至 55.4%；35—44 岁居民大学毕业生比例则从 31.0% 增至 50.0%，文凭和专业资格证书持有者的比例从 15.0% 升至 22.2%。[1] 产生这一变化的重要原因是，为了给新加坡的高等教育体系充分注入多样化和自主性特征，给居民提供更多的教育选择机会，教育部加强国际化合作办学，建立了一系列创新性的高等教育机构。例如，杜克—新加坡国立大学医学院、耶鲁—新加坡国立大学学院、新加坡社会科学大学等自治性高等教育机构。新加坡高等教育的密集增长和快速发展，体现了新加坡教育部为本国居民和全球人才创造最佳学习环境所做的努力。这不仅提高了居民对多样化高等教育的接受程度，也推动了工业 4.0 时代所需的高素质创新人才培养。

2. 耶鲁—新加坡国立大学学院成为新加坡培养创新人才的国家战略

耶鲁—新加坡国立大学学院是新加坡国际化自治性高等教育机构的典型代表。2011 年，耶鲁大学和新加坡国立大学合作成立耶鲁—新加坡国立大学学院（Yale-NUS College）。这是新加坡第一所文理学院，也是亚洲第一所文理学院。2013 年 8 月，第一批学生开始在耶鲁—新加坡国立大学学院学习。新加

[1] Department of Statistics Singapore.Population Trends，2019［R/OL］.https：//www.singstat.gov.sg/-/media/files/publications/population/population2019.pdf.

坡政府将这所学院的发展与国家经济发展密切结合，教育部投入大量资金支持，作为培养第四次工业革命所需人才的战略举措之一。耶鲁—新加坡国立大学学院的学生来自 50 多个国家，大约 50% 的学生是来自不同背景的新加坡人。学生的入学资格要经过“全人”标准的严格筛选。学院的 14 个专业和 5 个双学位课程由科学、社会科学和人文科学三个部门组织，通过混合学科进行教学。学院配备具有卓越教学和研究水平的国际化全职教职员工。办学特色包括跨学科的国际共享课程、基于团队的共享课程教学、最多 18 名学生的小班制教学组织、多样化的学生群体以及四年的住宿体验。所有这些特色都与学生的体验式学习和强大的海外学习项目相结合。[1]通过创设这种自组织学习环境，培养具备第四次工业革命所需知识、能力和素质的高素质创新人才。

3. 耶鲁—新加坡国立大学学院 独特的课程教学体系保障

耶鲁大学的教职员工与来自世界各地的专家一起，设计了独特的课程体系和教学方法。在课程体系设计方面，耶鲁—新加坡国立大学学院的课程不仅注重内容的精深，更强调跨学科特点。例如，数学与计算科学专业会为学生提供超越传统数学教育的接触学科前沿的独特机会，鼓励学生积极参与这些蓬勃发展的项目。学生基于对学科前沿的浓厚兴趣，开始着手设计机器人、启动软件初创企业、分析大数据网络、开发数据可视

[1] Nancy W. Gleason. Higher Education in the Era of the Fourth Industrial Revolution [M]. Singapore: Springer Nature Singapore Pte Ltd, 2018: 156.

化工具，并对随机性和混沌进行哲学思考。[1]学生可以接触到密码学、超立方体着色、建模和仿真方面的研究内容。这些经验对于培养学生的构思能力十分重要。学生可以选修的课程从数论到理论计算机科学、操作系统、统计推理，再到统计计算。在这个过程中，学生突破了对数学与计算机科学的单一理解，形成了自己独立的思考、学习和研究路径。

在教学方法方面，耶鲁—新加坡国立大学学院的教学强调教师和学生在课堂内外的密切互动，以学习者为中心，以问题为基础，开展持续性的深入讨论。与新加坡实现公民国际化的愿望相一致，耶鲁—新加坡国立大学学院把体验学习和国际经验作为学生学习经历的重要组成部分，持续性地组织不同主题的“跨界学习”，即由教师设计和主导的跨境体验式学习之旅。前期的公共课程学习为学生提供了卓越的文科基础，从多个角度促进了其对各个领域的探究；而跨界学习经历则为学生探索社会科学、人文科学和自然科学交叉领域中的问题并超越学科界限提供了独特的机会。[2]通过跨界学习研究，使学生能够更好地应用所学的概念，进行理论理论思考并解决现实问题。

总之，耶鲁—新加坡国立大学学院以其独创的跨学科灵活专业合作、独特的课程体系和教学方法，以及优秀的教师和学生，使其在新加坡高等教育体系中享有特殊的位置，是第四次

---

[1] Why MCS?［EB/OL］.https：//mcs.yale-nus.edu.sg/programme/why-mcs/.

[2] Learning Across Boundaries［EB/OL］.https：//cipe.yale-nus.edu.sg/experiential-opportunities/week-7/.

工业革命背景下的理想教育选择。该学院毕业生所具备的高认知灵活性和跨学科理解能力，使他们可以更好地应对复杂的全球挑战。

（二）创新智慧国家学习策略

1. 新加坡高度重视智慧国家策略的推进

“智慧国家”是新加坡一个独立的政府项目，旨在帮助公民适应新一轮工业革命带来的社会和经济变革。面对人口不断老龄化、传统港口和自由贸易竞争压力不断增大的状况，新加坡政府一直思考和致力于如何提升国家新的核心竞争能力，而发展信息技术，提高创新能力，推动智慧国家建设无疑是最好的选择。

新加坡十分重视智慧国家建设的顶层设计，而且具有脚踏实地、切实可行的落实方案。在过去 30 多年，新加坡已经先后制定和实施了“国家电脑化计划”“国家 IT 计划”“IT2000–智慧岛计划”“信息通信 21 世纪计划”“全联新加坡计划”“智慧国 2015 计划”等国家信息通信产业战略计划，使新加坡逐渐从普及设备技术到城市信息互联互通，消除“信息孤岛”，再到信息与应用的整合，一步步从工业国转变为“智慧国家”。其中，“智慧城市 2015 计划”站在国家的宏观层面，用全球视野对智慧城市的建设进行了前瞻性和系统性的部署，同时又配套以基础设施同步建设和国家政策持续推动。2014 年 12 月，由于“智慧城市 2015 计划”的提前实现，新加坡政府适时启动“智慧国家 2025 计划”，旨在强调以经济建设和民生发展为重要抓手的同时，重点推动与新加坡密切相关的电子政府办公、航运交通物流、金融贸易、教育学习培训和中小企业创新扶持等方面的智慧化应用和全面互通。

2.“智慧国家”推进中高等教育的角色使命

在新加坡“智慧国家”建设过程中，始终十分重视与高等教育的密切合作。新加坡政府致力于将“智慧国家”的人才素质要求纳入国家高等教育和终身学习计划中，培养具有数字素养的高素质人才。作为一种技术和认知能力，数字素养已成为第四次工业革命时代新加坡公民接受高等教育和技能培训必须具备的核心素养。围绕着培养数字素养，新加坡政府和高等教育机构进行了一系列改革探索。2016 年 5 月，“李显龙互动数字媒体智慧”国家奖成立，旨在帮助全日制理工院校的学生在互动数字媒体项目上获得更大的发展，为智慧国家的建设作出贡献。2017 年，新加坡国立大学和新跃大学推出信息安全、商业分析和数据科学分析等数字能力相关课程。通过课堂教授和技能实践交叉进行的课程设置，为学生提供更多的数据分析学习和实践机会，在边学边练中达到提高数字化能力的目的。2018 年 3 月，新加坡国立大学宣布所有专业的学生，都需要进行统计和编程课程的学习，以培养学生的计算思维，应对数字化经济时代的到来。2019 年 6 月，南洋理工大学计算机学院正式推出人工智能硕士研究生培养计划。该计划着重于人工智能计算基础理论与方法，机器学习与数据挖掘、图像处理与模式识别，大数据关键技术，类脑智能与深度学习等内容的学习。计划分为全职和兼职两种形式，学生可根据自己的情况自主选择。每位学生修满 30 学分能够毕业，其中 12 学分为基础学科，另外 18 学分为选修学科。除人工智能计算基础理论等专业课程外，学院针对没有编程基础或者较少相关经验的学生推出 Python 编程课程，以便更好了解课程内容。❶

3. “智慧国家”建设中的制度保障

为了鼓励更多年轻人投入人工智能研究的浪潮之中，新加坡各大科技公司都相继推出了自己的奖学金或者津贴计划。以南洋理工大学为例，奖学金涵盖了从本科到博士的每个阶段。2018 年 9 月 4 日，阿里巴巴宣布携手南洋理工大学、新加坡经济发展局正式启动人工智能博士生培养计划，准入者每人每月将获得 5000 新元的额外津贴。2019 年 6 月，BIGO 技术公司在南洋理工大学设立 50 万新元奖学金，支持计算机科学与工程学院发展，帮助数据科学与人工智能专业的本科生培养。华侨银行则为新加坡国立大学和南洋理工大学的人工智能硕士研究生提供总值 10 万新元的全额奖学金。学生在获得硕士学位后需在华侨银行的人工智能实验室服务 12—18 个月，亲身接触人工智能的应用场景和学习人工智能是如何识别潜在的可疑交易。❷可以看出，奖学金制度作为一种科研表彰和“吸金石”，不仅反映出第四次工业革命时代新加坡企业对数字化和智能化科技的热情，也在最大范围内调动起科技研发团队的积极性，

---

❶ 南洋理工大学人工智能硕士项目，现在开放申请啦！[EB/OL].https://mp.weixin.qq.com/s/gXKBuhjIlljwUDcq3M_gBg.

❷ 新加坡掀起人工智能奖学金潮，NTU 这些专业的学生有福啦！[EB/OL].https://mp.weixin.qq.com/s/uQg9a7MaS7wlpl9 U1nZVYA.

吸引更多年轻人投入数字化研究的浪潮之中，并为技术领域提供了选拔创新人才和项目的渠道。

（三）推进高等教育与技能精进协同发展

1. 促进全民技能精进，政府主导提出“技能创前程计划”

面对知识经济时代的到来，为了进一步提升公民的职业技能，建立更加完善的技能培训体系，新加坡政府于 2014 年 9 月成立了技能创前程委员会，副总理兼经济及社会政策统筹部长尚达曼担任委员会主席，成员包括政府、产业界、教育和培训机构的代表，劳资政学联手推动公民的职场技能提升。作为一项由政府主导的计划，“技能创前程计划”（Skills Future）旨在帮助每一位新加坡公民最大限度地发挥自己的潜力，掌握并更新技能，更好地适应产业革命的挑战。技能的掌握不仅可以获得学业资格认证，而且可以使当前的工作做得更好。这是一种通过知识、应用和经验不断追求卓越的理念。通过这场运动，每个人的技能、热情和贡献将推动新加坡未来发展，促进经济进步和社会包容。

2. 以职业生涯周期为主轴，构建多元化的技能培训体系

“技能创前程计划”有四个方面的关键任务。第一，要帮助新加坡公民在教育、培训上做出明智的选择，并与自己的职业需求相匹配。第二，顺应产业革命的技术变革需求，构建高质量的教育和培训体系。第三，以技能和精通度促进雇主认可和职业发展。第四，通过海报、广告等公共媒体等方式，培育

新加坡的终身学习文化。[1]该计划以职业生涯周期为主轴，为不同阶段的职业人士提供定制化服务。培训对象包括五个层次的群体：学生、初入职场者、中级管理人员、高级管理人员和职业转换需求者。无论处于哪一阶段的公民，都可以获得提升技能的教育资源。近年来，该计划陆续推出了多个面向新加坡公民的技能提升专项，包括：技能未来系列、就业培训指导、技能框架、在职学习计划、职业顾问、就业指导、工作学习交叉学位项目、青年人才培养等。

3. 高等院校与社会机构协同参与，制度性保障全民终身技能学习

为了能够更好地吸引成年学习者，从 2015 年起，新加坡政府每年平均投入 10 亿新元，支持该计划的落实。例如，每位 25 周岁以上的公民参加与工作相关的培训都可以获得 500 新元的课程学习补贴；每位 40 周岁以上的公民参加认定课程的学习更是可以得到学费 90% 的课程补贴；对在自身领域获得“精熟”技能的职场人士进行奖励；此外，还有技能创前程资格奖、技能创前程进修奖、技能创前程专才计划个人奖、技能创前程雇主奖等一系列激励机制。正如该计划所宣传的“你的技能，你的资产，以及你的未来”，这些奖励和补助项目极大地提升了新加坡公民参与计划的积极性。当前，“技能创前程计划”已推出了 2 万多门基于技能的模块化课程。这些课程不仅关注学生技能的掌握，更强调发展学生的认知灵活性和终身学习能力。课程的开设主体既包括新加坡的公立大学、理工

[1] Four Key Thrusts [EB/OL] .https：//www.skillsfuture.sg/AboutSkillsFuture.

学院及工艺教育学院等高等教育机构，也包括新加坡终身学习学院、劳动力发展机构以及资讯通信发展管理局指定的银发族资信站，还包括公共机构、人民协会以及全国“乐龄学苑”开设的课程。根据学习者的需要提供多样化的学习形式，不仅有线下不同时间段的课程培训，还有线上线下混合学习课程，最大限度地激活了民众的参与热情，有效减少了因为失业造成的社会恐慌，使新加坡公民和国家都能更好地迎接第四次工业革命的到来。

三、新加坡高等教育创新发展的思考与借鉴

作为经济转型时期的发展中国家，当代中国面临着劳动力技能供求不匹配、技术创新动力不足以及“互联网 +”时代的技能培训滞后等诸多问题。面向 2035 年，中国的高等教育现代化发展需要完成两个重要转变：一是从学校教育向全民学习的转变；二是从简单信息化向全面智能化转型升级。那么，如何创造有利于个人和社会发展的教育学习环境，真正实现高等教育的现代化，培养第四次工业革命所需要的高素质创新人才？新加坡的高等教育改革历程给我们提供了诸多启示和借鉴。

（一）高等教育紧密贴合国家战略发展

每一次工业革命带来的科技变革都会对高等教育提出新的挑战。随着技术革新的不断增速，高等教育的功能价值不断得到提升：从传统的知识传递与技术传播者，逐渐发展成为知识

创造主体，并日益参与到产业革命之中。从这一意义上说，高等教育顺应并引领产业变革需求，不仅是高等教育发展的历史机遇，也是推进工业革命的原发动力。当前，以人工智能、生命科学和新能源等为核心技术的第四次工业革命，已然深刻影响着我们的生产和生活方式，并对高等教育的知识创造和人才培养提出更高要求，推动高等教育重塑现代化的大学新样态。为了更好地应对第四次工业革命的挑战，新加坡政府始终把产业变革的需求与高等教育改革紧密联系在一起。围绕着“我们如何在高等教育体系中培养有就业能力和负责任的公民”这一核心问题，开展了一系列富有成效的改革举措，有力推动了高素质创新人才的培养和终身学习文化的营造。

（二）智慧学习真正融入高等教育体系

新一代信息科技的迅速发展，使数字技术和数据产业成为重要的生产要素，在国家新经济发展中发挥着重要的能动作用。随着新加坡打造“智慧国家”计划的提出和推进，建设高科技中心成为政府经济发展的重要定位转向。为了实现“智慧国家”建设计划，新加坡政府积极加强教育投入，特别重视数字化学习环境的创设和学生数字技能的学习，有效提升了公民的数字素养。新一轮科技革命和产业革命的兴起，同样在改变着我国人才的技能需求结构，能够阅读、理解甚至编码数据，将逐渐成为数字经济时代的“新基本技能”。因此，我们的高等教育需要将人工智能、数据科学及相关学科专业有机整合，构建以数字技术为载体的智慧学习生态，提升人才的数字化素养，提高人才培养质量，推进高等教育的现代化。具体举措包括：充分利用大数据技术，准确把握每位学生的专业基础和学习进展；以互联网和信息技术为媒介，发掘拓展优质教学资源；将AI技术与课堂教学完美结合，为学生提供更加丰富的教学方式和更加充分的全时互动；设置人工智能助教，辅助教师更加准确和精细地完成数据分析和教学管理相关工作；开发数字技术课程体系，打破教育的时空局限，创设更加真实的实验模拟场景，为学生提供更多课内外学习与实践的机会，不仅可以降低教育成本，而且能够有效提高人才培养质量。

（三）终身学习嵌入高等教育系统

随着科技革命的深化，终身学习意识已经嵌入新加坡高等教育系统中。由教育部下属精进技能发展局主导执行的“技能创前程计划”，作为新加坡重要的教育改革举措，有效推动了国家的经济和社会发展。“技能创前程计划”将公民的终身学习渗透到高等教育系统中，通过设计灵活多样的教育形式和学习内容，使高等院校深度参与到全民终身学习的文化氛围中，为促进公民技能的持续提升发挥了重要作用。

中国作为世界上最大的发展中国家，正面临人口快速老龄化、经济增速进入新常态以及制造业仍处于全球价值链低端的困境，中国劳动力市场陷入总量不断下降、成本不断上升、技能供求不匹配的发展瓶颈期，结构性失业问题日益严重。[1]为此，我们可以借鉴新加坡高等教育与技能培训协同发展的成功经验，依托职业院校和高等教育机构的优质教育资源，制定完善的在职培训制度，通过经费补助和政策支持，鼓励民众积极参与技能提升学习；与此同时，整合线上线下数字化教育资源，打造“互联网+”的技能学习新通道。具体而言，首先，要建立在职技能学习平台。精心做好顶层设计，为不同年龄阶段、不同行业需求和不同职业发展阶段的公民提供多元化的培训课程。其次，要完善技能学习档案库。精准记录每位学习者的职业志向、学习状况，为学习者推介优质的在线学习资源和合适的职业岗位信息。最后，要加强技能提升的政策支持。制定完善的技能提升激励机制，通过设置终身学习基金、技能学习补贴、技能提升奖学金等方式，鼓励更多公民参与到技能提升培训中，以不断提高人才资源素质，实现教育强国新愿景。

---

[1] 杜若飞．新加坡“技能创前程”计划研究［D］．重庆：西南大学教育学部，2017.

第六章　美国协同创新视角下博士教育研究*

在获得国家独立和实现国家崛起进程中，如何赢得学术独立和文化自信是一个国家发展面临的重要议题。在美国，面对本国高等教育体系的弊端和青年人才外流的危险，大学改革者将德国的经验和美国的实践相结合，建立了以高深研究为其合法性基础的博士教育并努力使其制度化。这一制度的建立和推行不仅促进了美国研究型大学的涌现，更确立了美国高等教育在创新人才培育、前沿科学研究、理性文化传播和提升国家竞争力等方面的领先性和独立性，实现了20世纪30年代世界高等教育中心从欧洲向美国的转移。在中国，自胡适于1947年在《争取学术独立的十年计划》中首次表达建设自主、自信的高等教育体系至今，中国高等教育制度一直为获取学术自立和自强而努力，基于美国实现学术独立的历史进程来反思和构建中国的科学研究和人才培养体系，是当前中国公共管理和高等教育领域值得思考的理论和战略问题。

---

* 本章部分内容已在《北京社会科学》2014年第12期及《外国教育研究》2014年第9期上发表。

学术独立是国家自立、自强的重要组成部分，是一个国家迈向科技强国的前提和基础。建设自主、自信的高等教育体系，为国家的科技、经济和社会发展提供前沿知识、创新人才和理性文化，是一个国家在现代化发展道路中的重要战略选择。自 18 世纪末开始，学院教育的不足、爱国主义情感、德国大学的影响以及知识本身的迅速扩展使美国建立现代意义上的大学和提供专业研究的时机逐渐成熟，美国博士教育理念开始萌芽。1861 年，耶鲁大学授予了美国历史上第一个赢得性的哲学博士学位（Earned Doctor's Degree）。[1] 不过直至 1876 年霍普金斯大学的建立，美国博士教育制度逐步形成，以“研究”为合法性基础的博士教育成为美国研究型大学的核心标志。1900 年美国大学协会（Association of American Universities，AAU）的成立标志着美国博士教育走向了标准化的道路，它结束了美国大学在授予博士学位上各自为政、缺乏统一标准的局面，提高了美国博士教育的水平和声望，并使其能够与欧洲大学进行平等对话与竞争。

美国博士教育的制度化不仅催生了美国研究型大学，也使美国高等教育摆脱了对欧洲大陆大学的“依附”而走向了学术自立的道路，并确立了 20 世纪 30 年代世界高等教育“美国时代”的开始。当前，中国的高等教育尤其是博士教育改革也面临着诸多问题和挑战，因质量和声望危机而产生的优秀人才外流和高深研究与创新人才培育的“依附性”，使中国在创新驱

---

[1] 赢得性博士学位（Earned Doctor's Degree）主要与荣誉性博士学位（Honored Doctor's Degree）相区别。

动发展道路上出现了科技自主创新与人才外部依赖的悖论。研究美国博士教育制度的改革与变迁，以及它与科学研究、创新人才培育和研究型大学之间的互相促进关系，能够为解决这一问题提供历史借鉴。

一、美国博士教育的历史变革及其理性传统

理解美国自 18 世纪末至 19 世纪初开始构建高级研究的梦想，需要从当时美国政治、经济、文化和教育的广泛背景中去考察。这一时期，传统学院的不足、爱国主义情怀、德国的影响以及时代的精神成为美国首批留学欧洲的学者改造传统学院、建立更高级教育的重要理由，他们努力将德国式的科学课程和高深研究纳入美国学院中，尽管他们复制德国模式的理想并不可行，在传统学院中纳入广泛的科学课程也只取得了部分成功，但这成为美国发展博士教育的重要推动力量。

（一）美国博士教育的萌芽及其动因

自美国 1636 年建立第一所学院到 19 世纪中期，面对知识本身的快速发展，学院仍然沿袭着传统的教学方法和内容，即重视智力训练而将知识本身置于次要地位，难以满足个体、社会和国家对新知识的需求。此外，美国学院的改革以及建立更高水平高等教育体系的理想很大程度上来源于爱国主义情怀，“革命远未结束”的口号说明政治上的独立仅是一个国家真正独立的开始，作为一个年轻且多元化的国家，统一的价值观和

信仰更是这个国家能否发展的关键，面对国家和社会发展提出的新要求，传统学院被指责没有跟上时代的期望而面临着合法性危机。

这一时期，德国大学学术自由的精神、严谨的治学态度、良好的研究设施和提供的学习激励措施给留学德国的美国人留下了深刻印象，尤其是大学教授崇高的社会、经济地位是德国对美国博士教育影响最为重要的方面。与德国相比，美国学院中充斥着懒散，因此需要对美国教育系统进行彻底改革。1876年，霍普金斯大学的建立标志着美国历史上第一个羽翼丰满的研究生院正式成立，也标志着美国博士教育走向了制度化道路。与哈佛学院、耶鲁学院以及其他一些改革不太成功的大学相比，霍普金斯大学的成功归结于大学创建者深知在一个充满着宗教和政治斗争的环境中，新的冒险事业必须要逐步摆脱宗教派别或政府的控制，并巧妙地顺应社会环境的变迁和科学技术的发展。更为关键的是，霍普金斯大学并不是彻底模仿德国的结果，而是通过组织创新将德国的大学理念与美国独特的学术环境有效地融合在一起。

（二）美国博士教育的标准化运动及其影响

从霍普金斯大学建立到20世纪初，越来越多的大学开始授予博士学位，并试图建立某种组织，结束当时学位授予的混乱和随意性，制定一个共同遵守的哲学博士学位的授予标准。其中，大学首要解决的是博士的入学标准和培养模式问题。在入学条件上，一是如何制定一个共同的筛选标准和条件，在本科教育质量参差不齐的背景下，使大学之间可以互认彼此的“本科学位”，是一个亟待解决的问题。二是关于居住地的要求。为了限制学生流动，需要要求学生在大学所在地居住满半年、1年到2年不等，这需要有一个标准。三是对外语的要求。不同的大学对语言的要求不尽相同，有的需要法语和德语成绩，有的只需精通拉丁语，有些甚至根本没有语言要求。在学位论文的要求上，有的大学只需打印一篇简短的论文并存档于图书馆即可，有的大学则需要一篇反映博士生原创性的大论文并以某种形式出版。在毕业程序和条件上，大学之间的要求也存在明显的不同。由于这些原因，很多大学更愿意授予荣誉性的博士学位。据估计，在1900年前授予的所有博士学位中，荣誉博士学位占到了20%。以普林斯顿大学为例，1866—1896年，共计授予67个荣誉博士学位，而学术型博士学位只有20个。[1]

博士学位标准的缺乏和内涵的模糊严重影响了美国博士教育的质量和声誉。宽松的质量要求不仅使其难以与欧洲国家的博士教育进行竞争，也难以使美国大学之间团结起来共同致力于博士教育质量和声望的提升，从而为优秀学生提供进行高深研究的场所，避免学生的流失。自20世纪早期开始，四个专业组织推动了他们的成员在博士学位要求上采用共同的标准，它们是美国大学协会（Association of American Universities，AAU）、全国州立大学委员会（National Association of State

[1] Ernest V.Hollis，Toward Improving Ph.D. Programs［M］.Washington.D.C.：American Council on Education，1945：11.

Universities，NASU）、赠地学院和大学委员会（Association of Land-Grant Colleges and Universities，ALGCU）[1]以及美国大学教授协会（American Association of University Professors，AAUP）。与此同时，慈善基金会，尤其是卡内基和洛克菲勒以及地区性的评价委员会通过增加哲学博士的数量从而为本科学院提供充足教师的方式，间接地影响了博士教育的发展。1900年，美国14所先锋大学（Pioneer University）走到一起成立了美国大学协会（AAU）。[2]AAU的成立既是20世纪美国研究型大学出现的象征，也是一种具体的体现，它们结成联盟的三个重要目标是：在博士学位授予方面制定一个内部统一的标准，互相认同彼此的学士学位；让美国的博士教育获得国外的认可；提升美国大学的学术水准和声望，确立美国大学的独立性并努力超越欧洲大学。

自此，美国博士教育走向了制度扩散及其规模和质量协同发展的道路。“一战”结束后，美国经济进入“黄金增长期”，而这无疑促进了博士教育的快速发展。20世纪20—40年代，“巨大”“显著”“史无前例”等词被用于描述这一时期博士教育的增长，年龄在18~21岁进入大学的比例从1900

---

❶ 1963年赠地学院和大学委员会并入到美国州立大学委员会，组成了今天的美国公立和赠地大学委员会（Association of Public and Land-Grant Universities，APLU）。

❷ AAU集中了当时主要的14所授予博士学位的大学，在哈佛、哥伦比亚、霍普金斯、芝加哥和加利福尼亚大学（这几所大学授予的博士学位占55%）的召集下，克拉克、康奈尔、密歇根、宾夕法尼亚、普林斯顿、威斯康辛和耶鲁大学（这几所学校授予的学位占了另外的33%）的校长参与了此次会议，这14所大学在这一时期授予了约90%的博士学位，它们作为发起人组建了美国对研究生学习有兴趣的“精英俱乐部”。

年之前的4%~6%上升到1900—1925年的10%~12%，之后达到了15%。1900—1920年，学术型博士学位数量增加了250%；1920—1940年，增加了500%，甚至20世纪30年代的大萧条也没有阻碍其增长。授予博士学位的机构数量从1920年的约50个增加到1940年的约100个。[1]在这一时期，美国奠定了世界研究生教育强国的地位。1936年，哈佛大学300年校庆标志着高等教育中心和知识创新中心从欧洲向美国转移。

二、美国博士教育对其学术自立的影响

从民族性意义而言，学术独立是国家自主、自强的重要组成部分，是国家经济社会发展和文化自信的重要支柱。学术独立意味着一个国家摆脱了创新人才培养和高水平科学研究的外部依赖，拥有高质量和高声望并具吸引力的高等教育体系，能够为国家的发展提供一流的创新人才和前沿的科学研究和孕育创新的理性文化。美国博士教育的制度化实现了通过争取学术自立来巩固国家发展的目标，并成为后来美国经济崛起的助推器。

（一）建立了独立自主的人才培养体系

在美国建立高水平大学和博士教育制度的过程中，将青年

---

[1] Bernard Berelson.Graduate Education in the United States［M］. New York：McGraw-Hill，1960：24-25.

一代留在本土接受教育而不是前往欧洲国家求学成为教育改革的重要理由。1856 年，耶鲁大学化学教授本杰明·西利曼（Benjamin Silliman）说：耶鲁应成为一所真正的大学，……新的知识时代即将来临，我们不能阻止年轻人寻求他们希望的德国式的研究氛围。❶矿物学家戴纳（James D.Dana）认为，授予博士学位将会把年轻的美国人留在自己的家乡。❷他们的建议获得了耶鲁董事会的采纳，推动了耶鲁大学博士教育的发展。

从美国博士教育的历史变迁来看，为何通过改革本国的高等教育体系，而不是大规模引进留学人才的办法来满足国家发展对人才和知识的需要，他们有着自己的理由：一是学生前往他国接受教育，往往冒着背离自己祖先的习俗和价值观的危险；二是正如美国大学协会（AAU）在一份公开声明中所说，对那些不准备在美国优秀的大学获得学位的学生来说，欧洲大学授予他们的哲学博士学位是非常令人沮丧的，因为欧洲大学在对待美国学生和本土学生时采用双重标准，对美国学生的要求要明显低于本国学生。❸当然，从政治上来说，19 世纪末期到“一战”，美国的经济经历了一个持续扩张的过程，1885—1915 年，国民生产总值净增了三倍。经济的发展激发了美国

❶ Catalogue of the Officers and Students in Yale College 1860-1861［M］.New Haven：Yale University Press，186：54.

❷ James D.Dana，Science and Scientific Schools［J］.American Journal of Education，1856（2）：374.

❸ Proceedings and Addresses of First and Second Annual Meeting 1900-1901［M］. American Association of Universities，1903：15.

人的自豪感，他们迫切希望在科学研究上全面超越他们的欧洲对手。

自19世纪中后期，在德国的美国学生数量在逐渐下降。从20世纪开始，德国官方对外国学生的态度开始变得不那么友好，但这并不是人数减少的主要原因，更重要的是美国人对德国大学高质量的信仰开始动摇。随着美国研究型大学的崛起、公立和私人捐赠的增多以及在大学中就业机会的增多，一些原本想去欧洲的学生开始留在本土，美国大学提供的丰厚奖学金和新学科的不断涌现吸引了越来越多的美国学生。尽管两个国家在这时已经开始了教授职位的互换，但美国和德国学术圈间的互动越来越少，直到“一战”的到来才有所改观。❶

（二）将“科学研究”作为大学永恒的主题

在美国博士教育制度创建初期，“博士教育的本质是什么”对改革者而言是一个相当模糊的问题，直到1900年美国大学协会（AAU）的建立，对这一问题才有了一个较为明晰的答案：高深研究是博士教育的合法性基础。吉尔曼在其就职演说中承诺，霍普金斯大学将减少“贫穷人的苦难，学校中的无知，神殿中的偏见，医院中的痛苦，商业中的欺骗以及政治中的愚昧”。❷他相信实现这种目标需要在很多学科中进行高深研究。霍尔和哈伯赞同吉尔曼的观点，支持博士教育要“为

❶ Laurence R.Veysey.The Emergence of the American University [M]. Chicago and London: The University of Chicago Press, 1965: 131.

❷ Ernest V.Hollis.Toward Improving Ph.D. Programs [M]. Washington.D.C.: American Council on Education, 1945: 14.

研究做准备”。哈伯在芝加哥大学时，制定了一个激进的减轻教学负担的制度，他允许留给教师每周 8~10 个小时的研究时间，并公开声称提升大学的名望更多依赖科学研究成果而不是美国高等教育永恒的内容——教学。还有一些大学为了让教师摆脱繁重的教学工作，试图通过设立研究教授职位来保证教师的研究时间。例如在康奈尔大学，著名心理学家爱德华·提克纳（Edward Titchener）被允许完全投身于研究和研究生工作中，生物学家勒布（Jacque Loeb）受到研究教授职位的诱惑而转投到了加利福尼亚大学去工作。不过这种设置最终并未获得推广，因为董事们和其他教师实在看不惯他们不讲课就可以拿到全薪。

将“科学研究”作为大学核心职能的前提是大学需要更多的研究助手，这可以通过招收更多的博士生并设立研究助理奖学金来实现。1912 年，拥有博士学位并担任过普林斯顿大学校长的伍德罗·威尔逊当选总统，他敦促国家研究委员会（National Research Council）和国家航空咨询委员会（National Advisory Committee on Aeronautics）动员在工业领域和大学里的科研人员研究以前靠从德国进口的战略原料，特别是光学玻璃和进行毒气战的化学物质。科研人员最有价值的工作是在工业领域，他们改进了无线电、飞机和预测天气情况以及探测潜水艇的装备，战争刺激了科学研究和工业生产进步，并且使美国更少依赖欧洲的科学技术。[1] 这预示着美国大学的科学研究开

[1] [美]加里·纳什.美国人民——创建一个国家和一种社会（下）[M].刘德斌，译.北京：北京大学出版社，2008：728.

始为国家利益服务，并在日后的发展中逐渐成为科学研究的主要场所。

（三）美国博士教育与研究型大学的进化及其相互促进

霍普金斯大学的建立也让其他大学感到惊恐，哈佛校长艾略特曾满足于哈佛的研究生教育模式，但霍普金斯大学建立的时候，他不得不面对这一现实：至少有5名哈佛教师认真考虑过是否接受新大学的邀请，尽管后来都拒绝了。[1]霍普金斯大学的挑战很快刺激了哈佛大学努力发展博士教育和科学研究。19世纪80年代，霍普金斯大学确立了研究型大学的标准，它的理念也迅速被其他大学所接受和效仿，其中包括东北部最古老、最富有、最具影响力的大学。维奇（Laurence R.Veysey）在评价霍普金斯大学建立的时候说："霍普金斯很快成为德国大学影响的象征，这个近在咫尺的典范使美国人感到德国科学是唾手可得的。"[2]

从1876年到1900年这短短的20多年，美国高等教育面貌发生了巨大变化并有两个重要的制度创新：选举制度和研究生院制度。这一时期研究型大学在美国纷纷建立，它们强调高深研究并反映新学科和知识的发展，通过发展强大的研究生院来提升大学的竞争力，研究生院集中了专注研究的优秀教师、颇具研究野心的学生和足够的经济资助，并开始承担国家和社

[1] Hugh Hawkins，Pioneer.A History of the Johns Hopkins University［M］.Ithaca：Cornell University Press，1960：38-62.

[2] Laurence R.Veysey.The Emergence of the American University［M］.Chicago and London：The University of Chicago Press，1965：129.

会的重要使命；研讨班、实验教学和原创性论文等现代的教学和科研方法吸引了不同阶层的学生，毕业后他们会获得学术型的博士学位，博士教育在美国走上了制度推广的道路，同时拥有高质量的博士教育成为美国研究型大学的象征。

美国高等教育的新形象不仅吸引了优秀的学生和教师，也让那些留学国外的学者印象深刻。当年轻的经济学家罗斯（Edward A.Ross）从柏林大学学成归来，并于1891年1月首次参加美国经济学学会的会议时，他被眼前的一切惊呆了：最新入选的学会领袖和会员并不是胡须半白的老人，而是像他一样年龄在35岁以下的年轻人，美国高等教育界被卓越而有野心的青年人所主宰。罗斯承认这对他的信心是一个很大的打击。后来，他在印第安纳州立大学谋得了职位。一年后，他又收到了康奈尔大学和斯坦福大学的邀请。在获得博士学位两年后，罗斯成为全职教授，他发现自己的年薪即刻从2500美元涨到了3500美元，而这时大学校长的年薪为1万美元，系主任则为7000美元，罗斯对自己的未来充满了自信。[1]此外，这一时期新成立的大学由于有基金会的支持，有实力招收更多教授和博士并提供丰厚的报酬和奖学金。1889—1892年，克拉克大学、斯坦福大学和芝加哥大学相继成立，而哈佛大学和哥伦比亚大学在同一时期也开始扩展规模，这些都促进了科研水平的提升和博士教育的发展，因此维奇将这一时期称为“19世纪

[1] Laurence R.Veysey.The Emergence of the American University［M］.Chicago and London：The University of Chicago Press，1965：263.

90 年代学术繁荣的开端”。[1]

（四）博士教育与美国学术职业的繁荣

学术职业伴随着学术繁荣也开始发展起来，有着德国或者美国哲学博士学位的年轻学者们在师资扩充中更容易谋得职位，而那些享有声誉的学者很快发现他们在其他大学也相当受欢迎，大学在相互竞争杰出学者的运动中促进了学术职业的繁荣和教师的流动。密歇根大学校长安吉尔在 1892 年评论说：“现在教授从一所大学去往另一所大学的现象太普遍了，尽管在以前鲜有这样的事例。”[2]19 世纪 90 年代，学术职业市场首次出现了为吸引少数杰出学者和科学家而进行的竞争，大多数教师的职位都受到这种市场的控制，竞争导致了杰出学者集中在少数研究型大学中。尽管学术竞争主要是为了吸引已经取得教授职称的学者，但也为年轻博士们提供了更多就职的机会，因为即使在最好的大学里，教学工作仍然由新博士们来承担。学术竞争使当时大学面临着为教授加薪的压力，可以推断这一时期新博士们的待遇应该也是不错的，双重的影响都使学术职业的前景更加明朗。

引发学术竞争的原因主要是这一时期大学的纷纷成立，这些新大学都具有野心勃勃的计划，而吸引年轻的学者是实现野心的第一步。在霍普金斯大学成立之初，只有两位教授来自美国其他大学；当芝加哥大学于 1892 年开学时，本校 120 名教

---

❶ Laurence R.Veysey.The Emergence of the American University [M] .Chicago and London：The University of Chicago Press，1965：264.

❷ [美]罗杰·L. 盖格 . 增进知识——美国研究型大学的发展(1900—1940)[M]. 王海芳，等译 . 保定：河北大学出版社，2008：10.

授中，有5名来自耶鲁大学，15名来自克拉克大学。由霍普金斯大学引发的学术竞争被芝加哥大学及其后来者发扬光大，学术竞争尤其是人才的竞争愈发激烈。哥伦比亚大学的实践更引人瞩目，当巴纳德（Frederic Barnard）成为这所大学的校长时，他制定了更加宏伟的计划。他认为哥伦比亚大学具有优越的地理位置，处于美国最大也最富有的城市，而这对吸引人才无疑非常有利。他的继任者赛斯劳（Seth Low）也认为就纽约城的吸引力来说，哥伦比亚大学能够吸引“世界上最优秀的人”来填补任何的空缺职位，他设想的为教授保证“从事研究的时间”以及“带薪休假制度”都使这一时期哥伦比亚大学教师的数量迅速增加。到了世纪之交，哥伦比亚大学已经成为美国最顶尖的大学，拥有规模最大的研究生教育和专业教育，而最令人感到惊奇的是：他的实施者曾经是一位没有从事过任何学术事务的退休商人。[1]

哈佛大学也是如此，尽管艾略特最初选择教师的标准是要有密切的社会关系，但到了1880年，他抛弃了这种做法，开始以是否有卓越的学术成就和声望来寻找教授。他首先遵循吉尔曼的做法，去欧洲寻找学术天才，但是对哈佛有兴趣的欧洲学者非常稀少，他也没有在校外招收到更好的教师。19世纪80年代中期，他开始通过对初级教授的学术贡献进行严格的评估，有意识地促进哈佛教师的专业化发展。1892年，哈佛2/3的教授或拥有博士学位，或拥有在欧洲学习的经历，同时哈佛

[1] [美]罗杰·L. 盖格. 增进知识——美国研究型大学的发展（1900—1940）[M]. 王海芳，等译. 保定：河北大学出版社，2008：11.

也吸引了越来越多外校的教师。[1]

此外，学术职业的繁荣与当时学生人数的增加也有密切的关系。大学的课程在这一时期基本覆盖了所有的学科和专业，学生人数自然也随之增加，尤其是科学和工程学专业学生人数增长更为明显。在博士教育方面，研究型大学发挥着最主要的作用，它们授予的博士学位占到总授予数的一大半，大学总是试图增加资源和教师来满足这种需求。学生人数的增加对大学而言非常关键，它象征着大学的成功，同时大学也可以从中获益：一是因为学生人数代表了学校的声望和吸引力，二是学校可以从州政府、大学校友或慈善家那里争取到更多的资助。在美国，这种竞争遍布娱乐、商业和外交事务中，新出现的大学也完全适应了美国社会的竞争文化。[2]

到 1900 年，博士学位已经成为取得大学教职的通行证，它代表着在某一领域持续而高深的专业训练。大学教职对博士学位的要求代表着学术职业迈向了专业化的第一步，而 1915 年美国大学教授协会的成立代表学术专业化程度的进一步加深。

（五）博士教育与美国学术专业化的程度的加深

博士教育的发展预示着美国学术专业化和学术精深时代的来临。在教学中，科学的研究方法逐步被引入研究生教学和研究中。1870 年，哈佛大学法学院院长兰德尔（Christopher

---

[1] ［美］罗杰·L. 盖格 . 增进知识——美国研究型大学的发展（1900—1940）［M］. 王海芳，等译 . 保定：河北大学出版社，2008：34.

[2] Laurence R.Veysey.The Emergence of the American University［M］.Chicago and London：The University of Chicago Press，1965：265.

Columbus Langdell）将革命性的案例法引进到法学教育中，1904 年美国医学协会（American Medical Association，AMA）根据利益相关者对医学教育批评，形成了一个医学教育改革的报告，以此为基础，美国著名教育家弗莱克斯纳于 1910 年发表了《美国和加拿大的医学教育：致卡内基基金会关于教育改革的报告》(*Medical Education in the United States and Canada*：*A Report to the Carnegie Foundation for the Advancement of Teaching*)，即著名的《弗莱克斯纳报告》，它让美国的医学教育发生了革命性的变革，开启了美国现代医学教育的时代，标志着美国的医学教育从带徒培训向以大学为基础的现代医学教育制度转变，是美国医学教育的历史转折点。

此外，由于鼓励教授和学生们的科研自由和交流，并鼓励他们公开出版研究成果以获得同行认可。1876—1905 年，美国大约成立了以学科为基础的 15 个专业性的学术性学会和学术期刊。在接下来的十几年，更多的专业学术团体成立了，全国性的专业学会及其早期所创建的学术期刊对学术精深化是至关重要的，它提升了学科发展水平和知识生产能力，增强了研究人员的学术交流，而学会的领导人和成员多数都是美国各大学博士学位的获得者（见表 6–1，表 6–2）。

表 6–1　美国主要专业协会建立年表

时间	协会名称
1876 年	美国化学学会（American Chemical Society）
1883 年	美国现代语言学会（Modern Language Association of America）

续表

时间	协会名称
1884 年	美国历史学会（American Historical Association）
1885 年	美国经济学会（American Economic Association）
1888 年	美国地理学会（Geological Society of America）、美国数学学会（American Mathematical Society）
1889 年	美国政治和社会科学学会（American Academy of Political and Social Science）
1892 年	美国心理学学会（American Psychological Association）
1899 年	美国天文学会（American Astronomical Society）、美国物理学会（American Physical Society）
1901 年	美国哲学学会（American Philosophical Association）
1902 年	美国动物学家学会（American Society of Zoologists）、美国人类学学会（American Anthropological Association）
1903 年	美国政治科学学会（American Political Science Association）
1905 年	美国社会学学会（American Sociological Society）

表 6–2　美国专业学术期刊创建年表

时间	期刊名称
1878 年	美国数学期刊（American Journal of Mathematics）
1884 年	美国哲学期刊（American Journal of Philology）、美国现代语言学会刊物（PMLA）
1886 年	现代语言注释（Modern Language Notes）、经济学季刊（Quarterly Journal of Economics）、政治科学季刊（Political Science Quarterly）
1887 年	动植物学报（Botanical Gazette）

续表

时间	期刊名称
1888 年	美国人类学（American Anthropologist）
1892 年	政治经济学期刊（Journal of Political Economy）、哲学评论（Philosophical Review）、学校评论（School Review）
1893 年	物理评论（Physical Review）、地质学期刊（Journal of Geology）
1894 年	心理学评论（Psychological Review）
1895 年	美国社会学期刊（American Journal of Sociology）、美国历史学评论（American Historical Review）
1898 年	美国生理学杂志（American Journal of Physiology）

（六）博士教育与美国研究型大学资助来源的多样化

随着博士教育制度的确立和研究型大学组织的完善，为科学研究和博士培养提供充足资助是大学面临的重要问题。这一时期，美国公立大学与私立大学的资助沿着两个方向发展：公立大学的资助主要来自联邦和州政府，而私立大学则主要来自私人捐赠，例如支持芝加哥大学的洛克菲勒（John Davison Rockefeller）、支持克拉克大学的克拉克（J.G. Clark）以及支持斯坦福大学的斯坦福（Leland Stanford）等。从资助规模上看，二者的资助额基本相当，相对比较充足，即使 19 世纪 80 年代美国出现“大萧条”，研究型公立大学和私立大学还都是非常富足的。不过对私立大学来说，私人捐赠并不是被动接受的，而是通过他们的主动寻求获得的，“在哈佛最需要钱的时候，它在大街上寻找”[1]，这在1900年之前是一个格言。耶鲁大学曾向纽黑文市寻求筹款支持，芝加哥大学也从当地巨头那里成功获得了一些捐赠，对很多大学来说，与地区保持联系是捐赠资源的主要来源之一。[2]在“帮助强大而非需要”的理念下，捐赠更多地进入了拥有博士教育的研究型大学，而其他一些小的学院和大学则处境凄凉，这种倾向在一定程度上也发挥了提高学术标准的功能：由于寻求私人捐赠的大学太多，因此捐赠者和机构不得不要求一定的标准。例如，有些基金会就规定，系主任必须拥有博士学位才能获得资助。[3]这种要求激励美国高等教育必须走向追求卓越的道路，也促使大学必须在吸引杰出学术人才和提高博士教育质量和本校声望上下功夫。

在向现代化迈进的进程中，如何促进经济发展和文化自信是一个国家面临的重要战略问题。美国在获得政治独立后，通过建设能够与欧洲竞争对手相抗衡的一流研究型大学和发展博士教育，提升在创新人才培养和前沿研究领域的独立性，摆脱对他国文化和教育的依赖，确立了美国世界高等教育中心的地位，为国家的发展奠定了坚实的智力基础。1914年，胡适在《留美学生年报》上发表了《非留学篇》，指出依赖留学而不是

---

[1] ［美］罗杰·L. 盖格 . 增进知识——美国研究型大学的发展（1900—1940）［M］. 王海芳，等译 . 保定：河北大学出版社，2008：45.

[2] Roger L.Geiger. Private Sectors in Higher Education：Structure，Function and Change in Eight Countries［M］. Ann Arbo：University of Michigan Press，1986：178-179.

[3] ［美］罗杰·L. 盖格 . 增进知识——美国研究型大学的发展（1900—1940）［M］. 王海芳，等译 . 保定：河北大学出版社，2008：43.

建设本国高等教育来培养人才的办法危害很大。他认为，学术独立的基础是办好大学。[1]中国大学应坚持和加强中国人在思想、学术、文化和教育上的独立自主，尤其是实现中国大学自主培养人才的能力。胡适的这一思想比较集中地体现在发表于1947年的《争取学术独立的十年计划》中。时至今日，中国在建设创新型国家以及提升科技自主创新能力的过程中，如何实现人力资源从“大”到“强”的转变，扭转优秀人才外流以及高等教育体系的质量和声望危机，避免从技术的外部依赖转向人才的外部依赖，仍是当前公共管理和高等教育领域思考和亟待解决的重要理论和战略问题。

三、多元利益参与的美国博士教育质量保障

本质上而言，“质量”是一个主观化和特性模糊的概念，精确评估和测量它并不容易。在高等教育领域，对本科教育的评估活动较为频繁，但它们常被认为是不精确和不够客观，因而其有用性往往受到怀疑。与本科教育相比，对博士教育进行整体评估的工作则要少得多。由于博士教育的多样性、专业性以及以“高深研究”为特征的功能定位，有限的评估也只是关注特定的研究领域或机构，而不是试图去评价博士教育的整体面貌，尽管如此，这些评估活动也一样难以令所有人信服，因为化学家对博士教育很满意并不意味着社会学家对博士教育也

[1] 任羽中．重读《争取学术独立的十年计划》［J］．北京大学学报，2008（5）：147-151.

满意。基于这些因素，博士教育的发展更多依赖个体或组织的兴趣驱动和发展知识的内在逻辑，而不是外部力量施加影响的结果。伴随着博士教育在国家科技创新和创新人才培育中重要性的提升，从国家、地区到大学层面，都加强了对博士教育质量和吸引力的关注，以吸引国际范围内优秀的学生从事前沿性的基础研究。博士教育质量评估也从以评判优劣来获取资源的竞争性手段，逐渐向以提升质量和吸引力的保障性手段转变。

（一）美国博士教育质量评估的历史与动因

美国博士教育质量评估始于20世纪20年代。自1861年耶鲁大学授予第一个哲学博士学位到20世纪20年代，美国博士教育经历了数量的不断增长，不论是博士学位授予机构，还是博士学位授予的数量都有了显著的增长。到20世纪初，由于缺乏统一的标准，各大学在授予学位上遵循着不同的标准，这就使得博士教育在大学间的差距明显存在。1924年，时任迈阿密大学校长以及美国学院联合会主席的休格斯（Raymond M.Hughes）对美国的博士点进行了评估，评估对象是当时可以授予博士学位的67所大学中的38所，涵盖了20个研究领域。[1]休格斯研究的主要目的是为本校希望继续追求高深研究的本科生提供关于博士点的相关信息，以利于他

---

[1] J.K.Lawrence，K.C. Green. A Question of Quality：The Higher Education Ratings Game［R］.AAHE-ERIC/Higher Education Research Report NO.5，1980：8.

们的选择。[1]1957年，宾夕法尼亚大学的肯尼斯顿（Hayward Keniston）选择了25所美国大学联合会（AAU）的成员作为研究对象，对它们的博士点质量进行评估以确定宾夕法尼亚大学的地位和声望。[2]这一时期的评估在方法上主要采用专家法，即利用各领域专家和学者们的主观判断来确定各大学博士教育的吸引力和声望。可以看出，这一时期博士教育质量评估常常与大学自身的需要有关。

"二战"后，美国博士教育伴随着高等教育的变革而经历了广泛的变化，为了提升大学的名望，吸引优秀的教师和具有创造力的学生，越来越多的大学开始授予哲学博士学位，尤其是一些规模较小、历史并不悠久的大学的博士教育规模增长更为明显（见表6-3）。与此相对，传统的精英大学的博士教育在规模上并没有出现明显的增加，甚至还略有下降。"新来者"的不断增多以及它们在学位授予量中所占份额的增大，引发了人们对规模与质量间关系的担忧，他们担心数量的快速增加可能会降低学位的学术标准，尤其是新的博士项目可能会刻意降低标准以防止学生和教师的流失。

---

[1] 黄海刚．从声望排名到质量改进：美国博士生教育评估模式的改进［J］．比较教育研究，2012（1）：28–32.

[2] Hayward Keniston.Graduate Study in Research in the Arts and Sciences at the University of Pennsylvania［R］.Philadelphia：University of Pennsylvania Press，1959：50.

表 6-3 1958 年和 1972 年美国各研究领域博士点数量

研究领域	博士点数量（个）		增长率（%）
	1958 年	1972 年	
英语	60	124	106.7
历史	61	118	93.4
政治科学	47	91	93.6
经济学	57	108	89.5
数学	60	139	131.7
物理	70	145	107.1
总计	355	725	104.2

资料来源：笔者依据 Special Tabulations from Doctorate Records File 数据整理。

面对美国博士教育在入学人数、博士学位授予量以及联邦和大学对博士生教育的支出的大幅增加，一些批评者认为规模的扩大可能会带来质量的下降。如何在“规模”与“质量”间寻求平衡成为这一时期评估的重要目标之一。1964 年，作为美国教育委员会（American Council on Education，ACE）副主席和高等教育规划和目标委员会（Commission on Plans and Objectives for Higher Education）主任的卡特（Cartter）实施了影响范围更广的博士点质量调查。[1] 在方法论上，卡特的研究尽量弥补了早期声望评估的缺陷，更加重视样本的数量和地理分布，并采用可以量化的指标来加强评估的客观性。1969

[1] Allan M.Cartter.An Assessment of Quality in Graduate Education [R] .Washington. D.C.：American Council on Education，1966：10-12.

年，罗斯（Kenneth D. Roose）和安德森（Charles J. Andersen）的研究是卡特研究的一个延续，他们汇编了 6325 名教师等级表，覆盖了 155 所大学的 36 个研究领域中的 2626 个博士项目，参与者根据博士点的效力和教师的质量对各个系进行排名，它分为六个等级：出类拔萃的；强；好；可以；边缘；不足以提供博士教育。他们的评估结果经常被用来描述博士教育质量的高低和专业排名。[1]1982 年琼斯（Jones）等人出版了他们关于博士质量的研究，这一研究基于四个方面：博士点规模、毕业生的特征（例如研究生获得经济资助的比例以及平均学业年限）、基于同辈群体调查的教师和项目的名声以及大学图书馆的规模。根据这一标准，博士点被分为四个等级。[2]

从 1978 年开始，美国研究委员会（National Research Council，NRC）开始对美国各大学博士点进行评估，至今共实施了三次，分别是 1982 年、1993 年和 2006 年的博士质量评估。在每次评估之前，NRC 都会将其研究方法和研究设计以报告的形式公布于众，使研究者以及关心美国博士教育的人士了解研究设计、数据收集、分析以及整个评估过程，以便更好地理解

[1] Kenneth D.Roose，Charles J. Andersen. A Rating of Graduate Programs [R]. Washington.D.C.：The American Council on Education，1970：2–4.

[2] Jones LV，Lindzey G，Coggeshall PE.An Assessment of Research–Doctorate Programs in the United States [R]. Washington.D.C.：National Academy Press，1982：13–16.

和使用最后的调查结论。[1]例如，在2006年开始的新一轮评估中，经过反复修改，NRC于2009年公布了调查的方法论以及对方法论的重要修订。[2]NRC希望这一方法论成为改进美国博士教育质量重要且透明的工具，最终的研究报告于2010年发布。这一报告覆盖62个研究领域，包括212所大学的5000多个博士点。此次研究领域选择的标准是至少25所大学拥有这一领域的博士点，对大学的选择标准是在过去5年它至少授予了500个哲学博士学位，而对博士点的选择是它在过去5年至少授予了5个博士学位。[3]尽管NRC不断修订其评估方法，将声望评估和客观指标测量结合起来客观描述博士教育的现状，但它与早期质量评估一样，仍然存在一些问题。例如它没有对“质量”概念进行清晰界定，而仅仅将教师的声望作为表征质量最主要的变量等。

从美国对博士教育质量评估的过程来看，对博士教育质量的评估是谨慎且困难的，尽管如此，有限的评估也仍然受到批评。面对这些批评，美国的一些评估者正在探索新的博士教育质量评估模式，例如更加关注一些微观的，例如博士候选人的

---

[1] Jeremiah P. Ostriker, Charlotte V. Kuh, James A. Voytuk.A Data-Based Assessment of Research-Doctored Programs in the United States [R]. Washington. D.C.: The National Academies Press, 2010: 87.

[2] Jeremiah P. Ostriker, Paul W. Holland, Charlotte V. Kuh, James A.Voytuk. A Revised Guide to the Methodology of the Data-Based Assessment of Research-Doctorate Programs in the United States [R]. Washington.D.C.: The National Academies Press, 2010: 5-10.

[3] Jeremiah P. Ostriker, Charlotte V. Kuh, James A. Voytuk.A Data-Based Assessment of Research-Doctored Programs in the United States [R]. Washington. D.C.: The National Academies Press, 2010: 87.

耗损率、毕业时间和完成率等方面的信息，还包括当前经常被运用的一种基于“学生”或“毕业生”的调查，它主要通过调查毕业数年的学生的职业路径或职业满意度来反思博士教育的有效性。

（二）美国博士教育质量评估理念的转变

一些批评者认为，质量评估由于强调研究成果和教师的学术排名，损害了博士教育的另一个重要目标：培养未来的研究者和创新人才。这种排名在大学间造成了一个“赛马”（Horse Race）心理，它们不顾及自己的使命而是疲于奔命地模仿一流大学关注教师研究和研究成果的做法，使得博士教育同质化倾向愈发严重。此外，在职业目标和职业选择上，很多博士毕业生开始就职于非学术机构，在这一背景下很多大学可能没有为他们提供合适的训练。而单纯的质量排名有时候并不能发现博士教育内部的一些问题，因而无益于博士教育质量的改进。为了尽可能避免这些问题，“二战”后美国从过程和结果两个维度加强对博士教育质量的监测和改进。

1. 过程导向的博士教育质量监测和评估

在博士教育中，博士候选人最终获得学位的比例以及他们获得学位的时间是关系质量的两个重要因素。目前美国博士教育评估也常常与这两个因素有关：一是如何在程序和制度上激励最有才华和能力的学生顺利地完成他们的博士学位，提升博士教育的完成率（Completion Rate）；二是如何降低耗损率（Graduate Attrition）和获得学位时间（Time to Degree），避免教育资源的浪费。

（1）完成率（Completion Rate）。完成率是学术满意度和学术质量的关键指标，相对于本科教育，博士的流失率保持在一个合理的范围被认为是正常的。一些研究表明，自20世纪60年代末期以来，美国博士学位的完成率在逐渐下降（见表6-4）。随着在学术领域就职变得更加困难，一些文理科博士生们开始改变他们的职业规划，导致了流失率的提高，因此完成率的降低与学术职业市场的不景气有着密切的关系。一般在学术职业黯淡的时期，商业和法律这些专业领域的入学率就会提高。当然，完成率的下降还与可获得的奖学金资助的减少有着因果关系，也与研究领域、大学类型或博士点的大小有关。[1]

表6-4　1958—1976年男性博士候选人的最低完成率　　单位：%

成员 / 入学年份	丹佛斯会员	大学平均水平*	NSF会员
1957—1961	76.7	—	—
1962—1966	73.2	62.9	82.0
1967—1971	63.0	51.6	75.2
1972—1976	59.8	48.9	78.1

注：*指加州大学伯克利分校、康奈尔大学、芝加哥大学、哈佛大学和普林斯顿大学这5所大学的平均水平。

资料来源：笔者根据Ten-University and National Fellowship Data Sets数据整理。

[1] William G.Bowen，Neil L.Rudenstine.In Pursuit of the Ph.D.s［M］.New Jersey：Princeton University Press，1992：111.

影响完成率的因素既包括大学的因素也有学生自身的原因。随着博士候选人来源的多样化，越来越多的女性、少数族裔和年龄较长者开始进入博士项目，而传统的博士生教育并未关注学生群体的背景变化，从而影响了他们完成学业的可能。[1]当然，完成率在不同的研究领域和博士项目间也有差别，诸如博士生与导师间的关系、学生参与各类学术活动的机会、经济资助、同辈群体间的关系、学生个性与心理等都可能影响学生坚持还是退出博士项目，[2]此外，还可能包括院系对博士候选人的期待、考试要求、院系文化和导师指导等。[3]美国对博士耗损率的研究主要集中在三个方面的因素：一是研究生的特征，例如性别、种族和家庭背景或期待；二是研究机构的特征，例如物质资源、经济资助或者部门或项目结构；三是学术领域的特征，例如对学生开展学术指导和建议的频率，以及学生合作和开展讨论的可能性。

为了提高博士教育的效力，大学和博士项目管理者应通过制度设计尽可能激励博士候选人完成博士教育，这就需要找到导致他们放弃学位的原因。一些研究表明，流失率最有可能发生在 ABD（All But Dissertation）阶段。ABD 是指博士候选人除

---

[1] Susan K. Gardner. Fitting the Mold of Graduate School：A Qualitative Study of Socialization in Doctoral Education［J］.Innovation Higher Education，2008（33）：125–138.

[2] Bair，Haworth. Doctoral Student Attrition and Persistence［J］. Higher Education：Handbook of Theory and Research，1999（XIX）：481–534.

[3] Ronald G.Ehrenberg，George H.Jakubson.Inside the Black Box of Doctoral Education：What Program Characteristics Influence Doctoral Student' s Attrition and Graduation Probabilities?［J］. Educational Evaluation and Policy Analysis，2007（29）：134–150.

了最终的论文外，完成了所有学位必需的要求。不过很多时候对完成率的研究是一项困难的任务，因为有的人可能在 5 年完成了学位，而有的则需要 7 年、8 年甚至 10 年，培养一个受过训练的学术人员的周期是如此之长，以至于去评估完成率有时候是一个难以完成的课题。除了时间界定的困难外，流失率还包括主动放弃和被动放弃的问题，有时候完全是学生自己决定放弃，他认为追求博士学位不再适合他，但也有一些学生很想继续但确实不能达到博士学位的要求从而被淘汰了。博士教育的耗损率和流失率之所以引发了人们长期的关注，是因为它不仅是对教育和研究资源的极大浪费，同时也影响了个人的生活和工作，未完成的博士论文像一朵黑云一样影响了博士候选人的职业、家庭生活甚至内心的安宁，尤其是那些在博士项目中徘徊了三四年甚至更长时间的学生。

（2）获得学位时间（Time to Degree）。对毕业时间的界定一般有三种方式：一是 TTD（Total Time to Degree），指学生从获得学士学位到获得博士学位的整个周期；ETD（Elapsed Time to Degree），主要指学生从进入研究生院直到获得博士学位；RTD（Registered Time to Degree）是指学生在获得博士学位之前在研究生院注册的时间。与完成率的研究相比，对获得学位年限的研究一直以来都是博士教育研究的主题。一般来说，在毕业时间的趋势上，可以分为三个阶段：第一个阶段为“二战”后至 1962 年，是 TTD 上升期；第二个阶段是 20 世纪 60—70 年代的扩展时期，TTD 又明显退回到了早期的水平；第三个阶段是 20 世纪 70—80 年代末，TTD 在几乎所有的研究领域都开始稳步上升。具体来说，所有领域平均TTD的时间在1930年为7.1年，1934年为6.9年，1938年为7.9年，从20世纪30年代后期开始，TTD的时间开始延长，到1958年为8.4年。总之，1920—1974年，平均TTD时间延长了10%。[1]到20世纪80年代末，美国的平均TTD为10.5年，1988年NRC的摘要报告中指出："学位年限在最后二十年大约增加了30%。"[2]

进入20世纪90年代以来，博士候选人获得学位的时间仍在延长，尤其是在科学与工程领域。早在1990年美国科学院对这一问题的研究中就指出，影响毕业时间和耗损率的因素是多样的，包括家庭背景、学生个性品质、学费、经济资助、职业市场、社会人口特征以及大学的类型，其中并未发现哪个因素是起决定作用的。[3]美国的数学界也逐渐开始关注博士教育的现状，包括高流失率、女性以及少数族裔人口的比例过少以及美国居民获得博士学位的人数下降等问题。[4]在一些调查研究的基础上，也出现了一些解释这类问题的模型，例如认识论的解释、机构类型的解释、基于学生偏好的解释、基于资助需求的解释、人口分布和基于能力的解释以及基于市场的解释

[1] Harmon，Lindsey.A Century of Doctorate：Data Analysis of Growth and Change［R］. Washington.D.C.：National Academy Press，1978：55-56.

[2] Thurgood，D.H.，Weinman，J.M.Doctorate Recipients from United States Universities［R］.Washington.D.C.：Summary Report，1989：21.

[3] Howard Tuckman，Susan Coyle，Yupin Bae. On Time to the Doctorate：A Study of the Lengthening Time to Completion for Doctorates in Science and Engineering［R］. Washington.D.C.：National Academy Press，1990：5.

[4] Abbe H. Herzig.Where Have All the Students Gone？［J］. Educational Studies in Mathematics，2002（50）：177-212.

等。作为评价博士教育效力的毕业时间和耗损率，一般通过两种方式来计算，一是最低完成率（Minimum Completion Rates，MCR），另一个是截断完成率（Truncated Completion Rates，TCR）。[1]有的研究指出，地理位置、学术要求和经济变量都会影响通向博士学位的时间，其中经济资助被认为是最重要的变量，其次为博士后计划、家庭成员、性别和研究领域，[2]可能还包括个人资源和学费贷款、研究生或本科期间的兼职状况等都是重要的影响因素。此外，婚姻状况和性别也可能会影响这两个因素，单身的博士候选人的耗损率和获得学位的时间都要少于已婚群体（见表 6–5）。[3]

表 6–5　1993—2007 年不同类型大学 S&E 领域的博士学位获得时间

单位：年

年份	所有大学	I 类研究型大学	II 类研究型大学	博士学位授予大学	医学院和医学中心	其他 / 未分类
1993	7.9	7.8	8.4	10.0	7.9	8.5
1994	8.0	7.8	8.6	9.9	8.0	8.6
1995	8.0	7.8	8.6	10.2	7.9	8.9
1996	7.9	7.7	8.7	9.7	8.0	8.8

---

[1] National Research Council，Office of Scientific and Engineering Personnel. The Path to the Ph.D.：Measuring Graduate Attrition in the Sciences and Humanities［R］. Washington.D.C.：National Academy Press，1996：17.

[2] Jamal Abedi，Ellen Benkin.The effects of students` academic，financial，and demographic variables on time–to–doctorate［J］. Research in Higher Education，1987（17）：3–14.

[3] Joseph Price. Marriage and Graduate Student Outcomes［R］. Ithaca：Cornell Higher Education Research Institute，2005：12–17.

续表

年份	所有大学	I类研究型大学	II类研究型大学	博士学位授予大学	医学院和医学中心	其他/未分类
1997	7.7	7.5	8.6	10.0	7.9	8.4
1998	7.6	7.4	8.3	9.8	7.2	8.3
1999	7.6	7.4	8.3	9.2	7.0	7.8
2000	7.7	7.5	8.3	9.2	7.2	8.3
2001	7.6	7.4	8.3	9.9	7.3	8.0
2002	7.7	7.5	8.4	10.0	7.1	8.4
2003	7.7	7.5	8.3	10.0	7.1	9.0
2004	7.3	7.1	8.0	9.3	7.0	7.8
2005	7.4	7.3	8.0	9.6	7.1	8.4
2006	7.3	7.1	8.0	9.7	7.0	8.0
2007	7.2	7.0	7.9	9.0	7.1	8.0

注：大学类型按照卡内基大学分类标准。

资料来源：笔者根据 Science and Engineering Indicators 2010 数据整理。

关于获得学位的时间，在不同的专业和研究领域中也有着明显差别。一般而言，化学专业的候选人获得学位的时间最短，这可能是因为他们在获得学士学位后立即就进入了博士项目，而教育专业的时间则最长，或许是由于他们通常要去初级或中等学校工作后再来攻读博士学位。从国籍来看，外籍博士候选人获得博士学位的时间要短，可能是因为他们有尽快完成学业的压力。一般认为经济资助可以缩短博士学位完成时间，但事实是，覆盖更广、时间更长的资助会导致学生的危机意识淡薄，从而有意延长毕业时间，由此看来需要实施竞争性的、有一定周期限定的学生资助制度才可能实现资助的目标。

从政策制定的立场来看，了解博士教育的完成率和获得学位时间在专业领域、大学、性别和族裔间的差异很重要。这些数据的政策意涵包括，高度结构化和紧密的教师指导以及良好的团队合作对自然科学领域的高完成率和低毕业年限发挥着重要作用；相反，那些以图书馆为主要根据地、单打独斗式的研究和学习生活导致候选人追求一种没有效率的思考方式，导致博士教育的低效率。因此在研究和教学方式上，根据研究领域的特点改革博士培养模式是提升博士教育质量的关键。

2. 结果导向的博士教育质量评估

除了关注教育过程中影响质量的关键因素外，博士教育评估方式也开始重视社会各相关利益群体对“产品”质量的反馈。一些基金会启动了新的评估和改进项目，例如佩尔慈善基金会（Pew Charitable Trusts）资助的“重构博士学位”（Re-envisioning Ph.D.）项目，它对所有的利益相关者，包括学生、教师、雇主、资助者和高等教育协会进行彻底调查，调查方法包括访谈、问卷以及邮件调查等。威尔逊国家奖学金基金会（The Woodrow Wilson National Fellowship Foundation）也开始了一项关于研究型博士学位的改革研究，卡内基基金会（The Carnegie Foundation）的为未来储备教师（Preparing the Future Faculty）以及梅林基金会（Mellon Foundation）的研究生教育行动计划都围绕着博士教育的不同视角和目标进行了调查研究和评估，这些调查更关注博士教育在社会和个人发展中的有效性。

美国华盛顿大学的研究生教育创新与研究中心（Center of Innovative and Research in Graduate Education，CIRGE）实施的两项全国性的对博士毕业生的调查被认为是博士质量评估较为有效的方式。一是对社会科学领域博士毕业生的全国调查，名为《社会科学博士——五年后》(*Social Science Ph.D.s—Five Years* Out)，这一调查在人类学、传媒、地理、历史、政治学和社会学专业中的65个博士点中展开，调查对象为1995—1999年获得博士学位的毕业生。调查内容主要是让他们回答职业满意度与博士教育之间的关系，从而评估博士教育的质量及其对个人职业发展的价值，这是一种以“学生为中心”的评估方法。研究还调查了他们在博士生期间的一些经历，例如毕业时间、发表著作情况、获得的资助以及博士论文阶段所获得的学术指导的质量。最后要求他们对工作中需要的能力进行重要性排名，并回答博士教育是否提供了这些能力的训练。

在这项调查中，毕业生们认为在工作中最重要的技能是呈现、批判性思维、数据分析、撰写和出版以及跨学科背景工作的能力，其次还包括小组工作、研究设计、拨款申请书撰写和管理能力。[1]

另一项全国性的调查是围绕毕业十年的博士们的职业路径展开的，这一调查名为《博士们——十年后》(*Ph.D.s—Ten*

---

[1] Babbit，Victoria，Elizabeth Rudd，Emory Morrison，Joseph Picciano，Maresi Nerad.Careers of Geography Ph.D.s：Findings from Social Science Ph.D.s—Five+ Years Out［R］. Washington.D.C：CIRGE Report，2008：6-8.

Years Later）。共调查了来自美国 61 个博士授予机构的 6000 名博士，他们的专业分布在生物科学、计算机、电子工程、英语、数学和政治科学等领域，梅林基金会和国家科学基金会对这一研究进行了资助，调查对象们获得博士学位的时间为 1982 年 7 月到 1985 年 6 月，既包括美国公民也包括国际学生。[1] 调查发现，对很多毕业生来说，获得博士学位后的职业生涯并不顺利，尤其是那些在学术领域就职的毕业生，他们从博士毕业到助教、副教授和教授这一职业路径充满着很多的不确定性。在英语、政治科学和数学专业的博士们，一般需要 4 年以上的时间才能获得终身教职。由于学术劳动力市场的有限和终身制（Tenure-Track），他们不得不长时期忍受低收入和繁重的教学任务，并面对出版和发表学术著作带来的巨大压力，生命科学领域的毕业生甚至需要花费 4 年的时间从事低收入的博士后研究。在从事博士后研究的这些年，他们必须努力发表高水平的研究成果，并接受一些其他的研究方法的训练，才可能让他们成为未来教职有力的竞争者，从这个意义上说，博士后研究经历成为他们进入学术职业的手段。

（三）基于评估结果的美国博士教育质量保障体系的重构

从历史上看，美国博士教育质量评估的最初动力主要来自大学相互竞争优质学生、教师和其他资源的需要，因此在早期

[1] Maresi Nerad.Postdocs：What We Know and What We Would Like to Know［R］. Washington.D.C.：Commission on Professionals in Science and Technology，2002：15.

质量评估的主要目标是甄别优劣。但伴随着博士教育在科技创新和创新人才培育中重要性的提升，以及对博士教育复杂性和专业性认识的加深，质量评估的目标更多的是通过多元化的评估方式寻求博士教育中存在的问题，从而致力于绩效和质量的改进，因此质量评估的目标主要是为质量保障体系的构建提供决策基础。从这个意义上而言，对博士教育进行评估有时并不是教育本身出了问题，而是社会对博士教育提出了新的要求，需要诚实地评估博士教育的效力以保证它能够继续为国家的发展、社会的需要和个人的生存作出贡献。在美国博士教育质量保障体系的构建上，各利益主体都积极利用质量评估的结果，采取具有针对性的保障措施，继续保持美国博士教育的质量和声望，其中主要包括联邦政府、各类基金会和大学。

1. 联邦政府：以“钱”为核心提升博士教育的效力

在研究生教育层级上，“钱”一直都被认为是质量保障的最有效手段。在美国博士教育公共资助理念的萌芽时期，通过资助来保障学生全身心投入高深研究是国家干预博士教育的合法性基础，尽管资助的方式不断变化，但这一理念持续至今。“二战”后，经济资助成为鼓励博士按时毕业并减少耗损率的主要手段。一些研究表明，缺乏资助是导致学习时间延长和学生流失的重要原因，例如几乎所有的研究报告都将 20 世纪 70 年代和 80 年代美国博士人数的急剧减少归结为联邦对奖学金和实习津贴资助的减少。因此在结论性的建议中，都将加强联邦资助作为提高博士教育质量的重要策略之一。一些调查也显示，主要依靠自身资源的学生的流失率要高于那些获得了各种形式的经济资助的学生，他们的毕业时间也更长，即便候选人自身的智力条件更优越，与获得资助的学生相比，他们毕业的时间仍然要更长一些，因此“钱”的因素是非常关键的。❶

基于此，在质量保障体系的构建上，联邦政府将奖学金作为主要的经济资助模式和改善博士教育质量的策略，因为它一方面可以吸引最优秀的学生进入博士项目，同时也能够保证学生免于物质担忧而参与到科学研究中。在众多对博士生进行资助的联邦项目中，最为成功和广为人知的是美国科学基金会（National Science Foundation，NSF）的奖学金项目。它的特征主要包括以下几个方面。第一，学术为先的便捷性。针对个人的资助方式保证了最具创新能力的学生能够进入美国最有实力的博士项目中，而不需要通过其他过程来判断其是否具有资格。第二，严格的选拔程序。利用全美的科学家团队来提升博士教育的声望，吸引高质量的学生攻读博士学位。第三，项目的持续性。它对候选人进行多年资助，使一些学生和大学相信这一项目不会突然结束或改变。第四，积极的“广告”效应。对有潜力和学术愿望的博士生而言，联邦奖学金项目是一个积极的信号，它传递了这样的信息：国家非常重视博士教育，会鼓励所有杰出的候选人完成学业，接受博士教育是非常有前途的。

---

❶ William G.Bowen，Neil L.Rudenstine.In Pursuit of the Ph.D.s［M］.New Jersey：Princeton University Press，1992：11.

NSF模式被认为是资助博士教育长期策略的重要组成部分，它也鼓励了其他政府机构设立相似的奖学金项目。实际上，自“二战”后，尤其是20世纪80年代以来，强调博士教育质量保障中的政府责任成为共识，这主要基于这样的理由：强大的博士教育体系不仅对个人有益，对整个国家而言更加重要，它对国家的科技创新能力、国际经济竞争力、追求政治和军事目标、创建一个相互尊重和具有知识修养的文化氛围以及自我民主管理等方面都具有重要的价值，处于高等教育体系最顶端的博士教育决定了一个国家大学的声望和教育质量。需要指出的是，强调博士教育的主要责任在联邦层面而不是州的层面，原因是博士候选人是高度流动的，州对博士教育的资助往往是通过更加间接的方式进行，例如通过为本州的博士授予机构进行资助来承担其主要财政责任。

2. 基金会：差异化、灵活性的资助以改进博士教育质量

在美国，基金会资助博士教育具有悠久的历史，不过其管理方式也在发生着很多变化，例如从资助公平到资助优秀，从个人主导到依托团队。目前，每一个基金会都有一个负责的托管人，它们特定的信仰和观点会影响资助项目的设置。正是由于基金会高度的个人化特征，它比政府更加灵活，更少受到传统的政治舆论影响，因此更容易接受多样的观点和资助方式。但这并不是说它们完全不受当前趋势的影响，事实上，作为一个团体，它们比其他的资助来源更容易受到时代热点的影响。由于基金会项目不需要资助基础或面临联邦层面上的资助适切性问题，也不需要对选民负责，因此它们很容易改变自己的资

助方向。不过，如果基金会的资助项目直接与国家需求密切相关，可能会获得其他团体或国家的支持，因为联邦资助不得不考虑资助在性别、族裔和地理部分上的公平问题，因此基金会的角色和联邦机构是高度互补的。

美国基金会在很多领域中的成功资助得益于其高度的专业化。例如，史隆（Sloan）基金会奖学金在资助数学和科学领域的博士后和青年学者方面的成功，得益于基金会历史上形成的对这些领域的兴趣。这一基金会具有受过良好训练的职员，并雇佣杰出的学者参与选拔它的会员。而福特基金会（Ford Foundation）在发展国家和社会需要的职业专业化方面具有丰富的经验，它会对自己所要资助的计划进行专业评估，以检测是否具有资助的必要和社会意义。

除了能够针对性地资助特定研究领域和特定人群外，基金会比政府机构更有能力成为一个“干涉主义者”，从而在改革博士教育中发挥重要的影响。这部分由于它们可以与一些小的博士项目合作来实施改革试验，例如，基金会可以与大学合作来改革课程和培养模式。当然，基金会的资助也并非都那么有效，既要鼓励学生按时完成学业，又要实现改进博士教育本身的目的，需要基金会更加关注资助的方式及其效果。

3. 大学：学术导向的博士培育模式和质量监控

尽管大学也通过为候选人提供资助来保证他们按时完成学业，但大学在质量保障中的责任更多体现在对博士候选人生涯的全面质量监控，这主要体现在“准入”过程、加工过程和“准出”过程三个阶段。

（1）“准入”过程主要指对博士候选人的甄选，即谁有资格进入博士项目。学生如何判定自己是否适合攻读博士学位？或者说他们如何知道自己的智力和个性符合研究生院的要求和风格？为了防止学生认知上的偏差，造成不必要的个人和教育资源浪费，美国研究生院委员会（Council of Graduate Schools，CGS）曾专门编写了《研究生院与你》（*Graduate School and You*）的手册，帮助学生了解研究生院的要求，以确定自己是否适合进行高级学习。[1]这一手册解释了何为研究生教育和研究生院，如何做决定并为进入研究生院做准备，以及如何选择合适的博士项目和获得联邦资助等。这本手册为关心博士教育的学生提供了一个概览式的介绍，避免学生选择的盲目性和随意性。

此外，随着对优秀学生的争夺，各大学和博士项目也更关注对卓越候选人的招募，甚至提前开始了他们的“招募”活动。例如公开对博士项目进行广泛宣传，经常更新自己的网站，并向其他相关部门、大学和机构邮寄宣传单，为本科生举办暑期研究班，从而吸引其他大学或机构中高水平的学生。一些优秀的教师通过访问和学术交流活动，来甄别和招募申请者。总体来看，在对高质量学生的相互竞争中，博士点质量和教师的名望在学生招募中具有决定意义。[2]

[1] Council of Graduate Schools. Graduate School and You［Z］.Washington.D.C.：CGS，1989：1.

[2] Allen Rawitch and Sara Rosen. Task Force Report on Graduate and Post-doctoral Training Recommendations［EB/OL］.http：//www.chancellor.ku.edu/2015/di/progress/grad_post_doc_training_rec.pdf.

（2）加工过程主要指博士的培养模式。博士的培养质量涉及的因素更为广泛，但其中博士学位论文和师生关系被认为是影响质量的两个核心要素。1991 年，CGS 发布了《博士论文的角色和本质》(*The Role and Nature of the Doctoral Dissertation*）的报告。[1] 这一报告指出，博士学位论文最重要的特征是原创性（Originality)、重要性（Significance）和独立性（Independence)，高质量并按时完成博士学位论文、获得博士学位是衡量博士教育质量的重要指标，导师、院系、大学和政府都应该采取措施来保证博士生能够顺利地完成这一工作，因为博士论文的质量和完成率与很多因素有关，包括论文期间缺乏足够的经济资助以及学生个人的问题，例如拖延、过于追求完美、缺乏动机、撰写困难、不良的组织能力、家庭责任、缺乏独立研究的准备等，大学应该尽早规避这些风险。

候选人与导师（Mentor）之间形成的指导关系的质量和特征是博士生学习期间最为重要和敏感的部分，指导（Mentoring）被定义为“一个养育过程，其中更有技能或经验的个人，充当着榜样、教师和支持者的角色，鼓励、指导和帮助一个能力或经验较低者，以提高后者的专业和个人发展”[2]。在博士教育中，不论对个人发展还是学术成长来说，导师与学生之间形成良性和互动的指导关系十分重要，成功的指导关系

---

[1] Council of Graduate Schools. The Role and Nature of the Doctoral Dissertation［R］. Washington.D.C.：CGS，1991：8.

[2] Aura L. Paglis，Stephen G. Green，Talya N. Bauer. Does Adviser Mentoring Add Value？A Longitudinal Study of Mentoring［J］. Research in Higher Education，2006（47）：451–476.

可以帮助学生获得专业知识和技能，还能帮助他们获得社会技能和进入社会网络。美国很多大学都提出了对导师行为的一些期待或指导性意见。例如导师应该为学生创设一个协作的、具有共同目标和行为的环境。在课程实施阶段，导师应该帮助学生克服在新环境中的不适感，鼓励他们发展独立思考和解决问题的能力，并发现自己有兴趣和有洞见的命题。在博士论文撰写阶段，导师在确定题目、开展研究和具体撰写中为学生提供帮助。在论文答辩中，导师应该对学生的成绩表达最真诚的喜悦。最后，鼓励导师与学生一起发表或出版科研成果。对学生而言，一旦选定了导师，就应该努力与导师建立起一种公开、信任、平等和相互沟通的契约关系，共同为完成学业而努力。本质上，在所有的指导活动中，导师和学生之间是一种非正式和自愿的关系，他们之间不存在清晰的、既定的义务，这种关系的存在依赖于个人的责任感和品质。

（3）“准出”过程主要指获得博士学位的资格。对“谁可以获得博士学位”的要求在不同大学和研究领域间有着不同的标准，对这一问题的决定权一般都留给了院系。与本科教育不同，博士教育没有严格的考试和分数，但要求博士生必须做出一些原创性的研究成果，并满足其他的一些学位要求，在这一过程中，博士学位论文的质量仍然是核心。

一般来说，获得博士学位的最后程序是博士论文答辩，它曾经包括一个真正的考试和一个正式的口头答辩，而现在则演变成一个一定能通过的仪式。在美国的多数大学，候选人在答辩中失败的现象是非常少见的，原因是首先对教师来说在这个时候对候选人进行判定已为时过晚；其次是如果候选人没能通过答辩，可能也会令导师和系科感到尴尬，因此导师和学院也希望让学生通过。曾经担任过 CGS 主席的李纳德（Leonard Beach）认为答辩只是一个没有实际意义的象征仪式。[1]

不过，很多人认为答辩并非一个仪式，而是具有实用功能的。对学生来说，一方面，他们需要一个盛会来象征他们在长时期的探索后获得了成功；另一方面，即使目前的答辩是马马虎虎的，但它对候选人来说仍然是一个障碍，是从学生到独立研究者的最后一道屏障，很多人也正是在这个时候将自己看作一个学者或科学家而不是学生。对教师来说，这一盛会为他们交流学术标准、研究方式和理论立场等提供了机会，它也是不同学者思想交锋的论坛，因为很多时候教师之间羞于发生直接的论争，通过批判博士候选人可以间接地达到这一目标，因此博士论文答辩可以看作是一个正规的学术活动和部门会议。从这个意义上来看，由于博士候选人惧怕给自己和导师蒙羞，会更努力和高质量地完成博士论文和答辩。

“二战”后，出于国家安全和军备竞争的需要，联邦政府对基础研究和大学充裕的资助保证了博士教育的经费，而大学在保证国家安全方面的贡献使人们相信大学科学研究和博士教育是有用的，因此，博士教育关注数量增长是这一时期的主题。自 20 世纪 80 年代以来，随着联邦资助的减少以及国家对投资绩效的要求，质量评估成为基础教育、本科教育和研究生

---

[1] Bernard Berelson.Graduate Education in the United States [M]. New York: McGraw-Hill, 1960: 200.

教育中的重要特征和行动，随着评估方法的改进和评估理念的变化，对博士教育的评估业已从甄别优劣的工具理性向发现问题以提升质量的价值理性转变，因为高质量的博士教育对所有相关利益者，包括政府、工业界和个体而言，都是无可替代的财富。

四、创新导向的博士学位论文要求

在知识经济时代，高水平创新型人才在提升国家科技自主创新能力和国际竞争力中发挥着核心功能，吸引世界一流人才成为许多国家实现国家意图的主要策略。博士教育作为最高层次的人才培养体系，不仅担负着为本国培育拔尖创新人才的重要使命，也决定了一个国家未来的研究潜力和经济持续发展的动力。改革博士生培养机制，提高博士生培养质量成为高等教育领域，甚至整个社会所关注的公共政策议题。影响博士教育质量的因素是多元的，包括候选人招募、课题设置、培养模式以及导师指导等，而其核心则是博士学位论文，它是决定博士教育质量的关键要素，其质量高低也直接影响着创新人才的培养。在这一背景下，明晰博士学位论文内涵、形式及其在博士教育中的地位与功能成为提升博士教育培养质量的关键。但是，对“博士学位论文”的本质与功能进行概念化是一项艰难的任务，原因在于，尽管博士学位论文在任何国家都是获得博士学位不可或缺的条件，但对它的具体要求却因教育传统、研究领域甚至大学类型间的差异而不同，并未形成一个统一化的要求。不过，从博士教育自身的发展演变来看，也有一些研究生教育机构对这一模糊不清的问题进行了研究，这些研究对我国博士教育培养模式的改革具有一定的借鉴意义。

（一）博士学位论文的本质与角色

从哲学博士学位的发展历程来看，一篇完整的论文成为获得哲学博士学位的必要条件形成于博士教育发展的后期，而在中世纪，学生只需要向公众表达他们的想法即可[1]，直到后来一篇书面的论文才逐渐成为必要，不过那时并未对论文的具体形式和要求进行明确规定，只要是作者本身的研究即可。到了19世纪后期，美国的博士教育才要求必须撰写一篇能够得到导师或主管院系同意的并能反映学生原创性的研究论文。[2]

由于博士学位论文在博士教育中的关键地位，伯纳德（Bernard）在《美国研究生教育》(*Graduate Education in the United States*）一书中对这一议题进行了较为详细的论述和分析，它启发了日后关于博士论文本质与角色的讨论。[3]1991年，美国研究生院委员会（Council of Graduate Schools，CGS）发布

---

[1] Schachner，N.The Mediaeval Universities［M］. New York：A.S.Brnes，1962：322.

[2] Spurr，S.H.Academic Degree Structures［M］. New York：McGraw-Hill，1970：118-119.

[3] Berelson，B.Graduate Education in the United States［M］. New York：McGraw-Hill，1960：159.

了《博士论文的角色和本质》(*The Role and Nature of the Doctoral Dissertation*)的报告[1]，它主要根据美国大学研究生院院长工作小组的商讨和大学提交的48篇报告整合而成，尽可能广泛地包含了不同学校和研究领域对论文的要求，从中归纳了博士学位论文的普遍性特征，对博士学位论文的本质、要求、特征、具体内容和形式、编辑出版、导师指导、署名问题、完成所需时间、论文答辩作了详细的说明，成为指导美国大学博士教育，尤其是评估博士学位论文的指导性文件。

（二）博士学位论文的目标

尽管博士学位论文处于博士教育的核心地位，但目前大学或研究者一般认同“论文是个人学术工作的开始而非结束”，强调论文主要应该让博士生掌握科学研究的最直接经验，为他们以后的研究做好准备，它应该是研究工作的书面表现形式，证明了博士候选人的综合知识以及对与研究主题相关的方法论、文献、实验室研究或田野工作及理论知识的掌握程度，它必然是对知识创新的重要贡献。基于此，博士学位论文的主要目标是:（1）展示学生分析、解释和处理信息的能力;（2）证明学生与论文主题相关的文献知识，或至少在论文相关的知识方面优越于其他人;（3）描述所利用的研究方法和程序;（4）依次并有逻辑地提出结论;（5）展示学生完整并连贯地阐释研究结论意义的能力。在一些科学与工程领域，还必须要仔细描述研究

[1] Council of Graduate Schools. The Role and Nature of the Doctoral Dissertation [M]. Washington.D.C.: CGS, 1991.

的细节以使其他研究者可以重复或复制研究结论。作为研究过程的一个记录，论文的格式或撰写形式应该是多样化的，这主要依赖研究本身的性质、学科传统、大学文化和导师的教育理念。

此外，不同学科在学位论文的要求和标准上也存在差异，博士教育的功能主要包括：（1）为从事基础研究和大学教学做准备；（2）为工业领域培养研究者，博士生的研究项目由雇主或资助机构来规定；（3）为其他所有职业做准备。但对研究型博士学位（Ph.D.）来说，博士论文的要求是要有理论贡献，而专业型博士学位则要求将理论用于具体的实践，即便如此，论文也需要理论支撑并能够深化本专业的方法论和理论理解。有学者认为论文研究应该是一个学徒性质的工作，引导博士候选人积累丰富的知识并为独立研究做准备，不论是单独工作还是小组研究，学位论文研究应该是原创性的、以理论为基础的，要有坚实的方法论基础并为知识创新作出重要贡献。

（三）博士学位论文的核心特征

博士学位论文最重要的特征是原创性（Originality）、重要性（Significance）和独立性（Independence）。原创性并不代表具有重要性，而重要性也并不意味着就一定是原创的，在半个多世纪以前，伯纳德指出论文对知识的独创性和重要性是一种“意图的描述”[1]，对这些术语进行精确界定的责任或权力主要留给了各个系或学院。

[1] Bernard Berelson. Graduate Education in the United States [M]. New York: McGraw-Hill, 1960: 200.

（1）“原创性”（Originality）。所谓原创性是指这一研究前人没有涉及或创造了新知识，博士学位论文不应该复制其他研究者或学者的工作和主题，或直接运用别人的研究方法。导师或其他教师应该鼓励学生探索自己的研究计划，相信学生可以独立地选定论文题目。学生也必须要证明自己的研究在哪一方面反映了自己的思考。

（2）“重要性”（Significance）。重要性主要基于研究的价值取向，指论文对这一学术领域或知识生产上的重要意义。不过这仍然是一个充满争议的概念，在不同专业甚至同一专业内，关于什么是“具有重要意义”的论文的答案也大相径庭，尽管大家都宽泛地认为一个论文研究计划应该是对理论和方法论的丰富和深化，但不同的教学或研究需要导致评估论文原创性和重要性只能依据本专业的标准，并不存在一个衡量不同专业论文优劣的共同标准。例如在一所大学的科学专业中，“重大”的含义是指对国家发展攸关以及公众最有兴趣的重要问题进行广泛的实验室研究，而在人文和社会科学领域，“重大”的含义是指对一个并非资助重点但具有理论深度的问题进行深入研究，总之，在科学专业与非科学专业中，对“重要性”的评估标准是不同的。

（3）“独立性”（Independence）。独立性概念与原创性有着千丝万缕的联系，在博士教育的早期，独立性主要强调了研究工作是个人独立完成的，代表了个人独立开展研究工作的资格。但目前，由于研究领域、研究性质、导师的类型以及博士点各自的传统不同，对独立性的要求也不一致，一般认为独立性有三个等级：在一些人文学科中，论文研究的独立性最强，尽管学生会获得导师的指导，但研究工作主要基于个人的兴趣，因此主要依赖自己完成；中等程度的独立性主要是指学生可以通过与导师和其他教师的互动来获得论文观点，论文导师利用拨款来资助研究；独立性最低的论文研究是在科学与工程领域，这一领域的学生经常会参与正在进行的研究项目，经费主要来自导师，因为他们的研究题目一般与研究项目有关，学生以研究助理的身份获得资助，学生一般不会选择与项目主题无关的研究论文，因此很多时候科学研究的成功是团队合作的结果，很难界定到底谁是主要的创造者。

（四）博士学位论文的内容与形式

“传统”的论文都有一个固定的形式，包括研究目标、文献综述、研究方法或程序以及具体研究内容和结论，不过其具体形式在各个学科之间有很大差别，大学应该意识到并容许这些差别。

关于论文的内容，首要的问题就是博士学位论文可否利用作者前期的研究成果。在不同学科甚至同一学科内部，教师们关于是否应该允许或鼓励学生将以前发表的论文放在博士学位论文中存在很大争议。在一些人文学科中是不太允许这样做的，因为论文应该是一个全新的研究工作，以前并未出现这一主题的研究成果，美国一些大学在全校范围内禁止利用以前的研究成果，即便出现在附录部分都不可以。而在科学领域，已有的研究成果和获得的研究资助是生存的关键，教师一般鼓励学生尽可能发表他们的研究结论，通常在博士学位论文完成前就已经将其公开发表了。在这一情况下，尽管禁止在博士学位论文中利用已出版的研究成果是不明智的，但也需要满足几个条件：首先，这些成果必须是学生在博士生在读期间完成，没有用它来获得其他学位；其次，学生必须是发表论文的唯一或第一作者，在博士学位论文中必须要清楚地介绍自己与这一论文的关系；最后，已发表的研究论文必须是博士学位论文整体的一部分，必须与学位论文的研究主题相关，且不能将已发表论文原封不动地放到博士学位论文中。

关于论文发表的要求，从历史上来看，论文一般都要求以某种形式发表。杜瑞特（Durant）说："公开论文的行为，主要是向所有的竞争者挑战……这是中世纪大学的规定程序，正是因为这样的传统才促使马丁·路德于1517年将自己的95篇论文贴在了维滕贝格教堂（Wittenberg Church）的门上。"[1]罗森哈普特（Rosenhaupt）和皮赫（Pinch）指出，直到20世纪30年代，美国才要求所有的论文都必须印刷出来，但在整个40年代，这一行为慢慢中断，到了50年代中期，主要利用缩影胶片的形式出版，现在也主要是这样。[2]

正如在博士学位论文的差别化特征中所强调的，传统的论文形式都包括文献综述、利用的研究程序和方法描述、结论陈述以及结语性的对研究结果意义的讨论，这被所有学科认为是

---

[1] Durant，W.The Story of Civilization（VI）：The Reformation［M］. New York：Simon and Schuster，1957：341.

[2] Rosenhaupt，H.，Pinch，J.Doctoral Degrees：The Encyclopedia of Education［M］. New York：Macmillan and Free Press，1971：120.

一个理想的模式。不过论文的形式在学科间也有很多差异，在人文和一些社会科学领域，论文被期待是一本“专著”，它反映了学生个人的探索性研究并最终由大学的出版社出版。在自然科学领域，由于是小组工作，论文的形式通常是多样的。在大学层级上一般会制定灵活的论文形式要求，整齐划一的要求被认为是不明智的，一般实行的都是部门自治。

（五）博士学位论文的答辩

在论文答辩上，各个大学所采取的模式不尽相同，有少数大学不需要所有的博士候选人都举行答辩仪式，只要三个教师评阅并在论文上签字即可；有的大学有一个口试，但并不是论文答辩；不过在大部分大学，论文答辩被认为是研究生教育不可或缺的一部分，对博士候选人而言是展现学习成果的最后时刻。

（1）答辩原则。对很多学生来说，论文答辩是证明自己多年学习成果的最终机会，在当前需要合作和小组研究的时代，答辩是教师确认学生独立贡献的良机，它促使学生要清晰地表明自己在合作项目中的角色以及论文对知识生产的贡献。

答辩活动可以促进院系教师之间的交流，比较理想的是所有答辩委员会的成员都应该仔细阅读过学生的论文，决定论文是否令人满意以及学生是否成功地完成答辩。关于委员会的投票，几乎所有大学都要求多数通过。一些大学要求如果有一票否决，那么就失败，一些则规定 2—3 票否决的话就不能通过。如果候选人在答辩中失败，他需要等待一段时间（常常 3—6 个月）重新确定再答辩的时间，但是再次答辩只有一次机会。

（2）答辩的形式。答辩的形式在各专业和大学间不太一致，比如一个教师的研究范围与博士候选人相同，那么他可能就会参与阅读论文，参加答辩并提交对论文的评估，答辩委员会成员的最低数量要求是4—5个人，他们都要具有教授职称并拥有博士学位（或本领域最高学位），有些大学要求所有的答辩委员会成员都是大学的全职教师，但更多的是在获得研究生院院长的同意下，答辩委员会必须包括至少一名校外成员，通过跨学科、跨学校来保证论文质量。答辩委员会主席可能是研究生院院长、院系领导、论文导师或来自其他院系的教师。

关于何时可以答辩，一般要等到导师阅读了论文初稿并告知研究生院院长论文质量尚佳之后，才会决定最终的答辩时间。在一些大学，答辩只是一种仪式化行为，因为学生论文只有获得指导委员会的同意才能够参加答辩。但也有一些大学，委员会需要在答辩现场做出决议，结果可能是通过、失败或临时通过但需要进行修改。

五、博士学位论文中的协同合作与质量保障

（一）博士研究中的合作与知识产权问题

在某种意义上，所有的论文研究都是合作性的。例如，学生需要与导师、同学和学位委员会进行合作，跨学科的合作是现代研究的特征，不过合作的程度在各学科间仍然是不同的。

在人文学科中，学者单独研究仍然很流行，但在科学和工程领域，大部分都是合作项目，甚至一些研究资助通常以团队的方式来获得，他们要求研究者共同参与来解决重大的问题。在这些领域，学生的博士学位论文研究往往是大研究项目的一部分，当前的趋势是将合作看作观点的碰撞而非简单的分享结论。

不过，美国的一些研究生院院长还是提出了关于合作的一些问题。例如在学生与教师的合作中，由于参与者的地位不同，在数据和研究结论的归属权上可能产生利益冲突；另外，如何确定学生的个人贡献也是困难的问题，尤其研究论文是多个作者的时候，这时候导师就应该非常清楚每个学生到底做了什么以及他对合作项目的贡献，以避免效率较差的学生分享其他同学的研究成果。

要设计一些机制来确定和评估博士生在团队研究中的贡献，在很多大学，这一评估任务主要由导师和指导委员会来完成。大学应制定清晰的教师与学生以及学生与学生合作的管理办法，这些办法应保护博士教育的功能和所有群体的利益，大学、导师与学生间应有一个书面的关于研究数据和产品归属的协议，还应包括知识产权保护、专利保护以及合作管理和研究资助的联邦法律的书面文件。由于合作研究经常会以多署名的方式出版，那么就可能出现博士学位论文有多个作者的情况，是否要接受每个人在其中的贡献并都授予博士学位呢？事实上从大学微缩国际（University Microfilms International）的记录来看，1902—1987 年，在授予的 100 万个博士学位中，只有 166

篇学位论文是合作署名，其中具有多个署名的论文几乎是不存在的，教师即便参与这一研究也是匿名的。

学位论文写作中另一个重要问题就是道德议题。博士生必须明白研究中涉及的道德问题，意识到学术欺骗对他们自身、大学和知识本身所带来的后果。任何研究都必须以诚实、负责任、认真的态度实施。道德议题中最受关注的便是剽窃、伪造或篡改实验数据、不合理地利用人和动物做研究对象以及对健康和安全标准的亵渎。另一个关注的问题是利益冲突，研究应该坚持学术自由和自治，不能被提供各种资助的工业部门的利益所左右。此外，学生一般要在论文的致谢中提及所有给予研究帮助的人或单位名称，以表达对他们无私帮助的感谢。

（二）博士学位论文研究中的导师指导

尽管论文研究经常是一项独立的学术性工作，但学生与导师的关系是影响论文质量的核心要素。一些人认为教师与生俱来就具有指导学生的能力，就如同他们出生便具有教学技能一样。大学不愿意就导师的角色和责任制定明晰的要求，其原因是对教师指导博士生时的自治观念的尊重，如果研究生院这么做可能面临着损害学术自由的指责，一些人相信导师们根据自己曾经的博士教育经历，就可以很好地指导学生。实际上，很多导师并不能很好地履行自己的职责和使命。人文和社会科学经常遇到的问题是在主题选择和实施研究中缺乏导师的指导，而自然科学领域可能面临着导师过度干预的问题，因为学生的论文主题决定于研究资助，学生发挥独创性和独立性的空间有限，此外，学生还可能会成为导师霸权的牺牲品。为此，一些大学的指导委员每年会与学生会晤，倾听学生的抱怨。还有一些大学在论文指导工作中采取了有效的政策、程序和方针。一些大学会对直接指导论文的教师进行仔细审查和定期授权，教师的行为受到大学委员会的监督；一些大学实施的共同指导模式也是一个有效的形式，或者通过工作坊的形式来提高教授们在指导论文中的责任感。

此外，美国研究生院委员会（CGS）编订的论文指导手册明确了与学位论文相关的教师和学生各自的权利和义务，这一手册会罗列研究生教育各个学术阶段所应达到的目标，大学将论文指导作为教师薪酬提升和职称评定的重要衡量指标。研究生院要求院系应编写针对学生的论文指导手册，其主要内容包括：博士生学习各阶段需要完成的目标，例如课程、资格考试、论文样张、论文撰写以及论文答辩；详细描述博士教育的所有程序，包括入学要求、学位要求、导师和指导委员会的选择程序、论文建议、完成学位的时间表等；学生应该谨慎并尽可能与所有老师会面，以选择合适的论文指导导师；应规定学生完成学位时间的上限，并灵活处理一些突发事件；每年定时更新院系所有研究生的论文题目和其导师名单；每年更新教师的详细信息，包括研究领域和专长、代表性出版物，是否具有指导论文的资格，他们的电话和办公室地址以及休息和退休的时间；可获得的来自院系、大学和外部的经济资助；大学针对论文研究成果的相关知识产权问题。

各院系也应为导师编写一个指导手册，具体内容包括：描述论文主题的合理范围和期待，以免教师提出过度要求；导师应尽可能避免学生选择风险太高或不可行的论文题目，也不应让学生过度追求完美；规定教师要及时反馈对论文的意见，以免学生等待过长时间；院系在学生完成了学位要求的规定课程和考试后，确定论文研究和写作的时间；应考虑院系在论文要求上的传统；院系要评估学生在合作研究中的个人贡献，并确定谁拥有评估这一贡献的权力。

（三）博士学位论文的质量保障

高质量并按时完成博士学位论文、获得博士学位是衡量国家博士教育质量的重要指标。影响博士学位论文质量和完成率的因素是多样的，但教师、学生和管理者经常给出的理由是论文期间缺乏足够的经济资助，其他的因素还包括学生个人的问题，例如拖延、过于追求完美、缺乏动机、撰写困难、不良的组织能力、家庭责任、缺乏独立研究的准备等，还包括延迟选题、难以决定论文题目、缺少合理的指导以及大学对论文的严格要求等。此外还有实施研究的问题，例如在国外工作的需要、生活中的意外和其他难以控制的变量、数据收集困难和过高期望等。

1. 导师与院系的责任

为了保证学位论文的研究质量，一般在博士生学习的开始阶段就鼓励学生着手论文的研究工作，较早参与研究项目有助于学生的完全参与和快速进入，在物理、生物、工程以及行为科学领域，学生一般在刚入学就参与到了具体研究项目中。此外，对学位论文质量影响最大的便是导师的指导工作，一般导师应帮助学生挑选可行的题目，并鼓励和指导他们在规定时间内完成论文研究工作。如果学生的研究是导师项目的一部分，那么在开始就应制定一个“知识产权”归属的书面备忘录。

具体到大学的建议上，美国研究生院委员会（CGS）建议新博士生与所有的论文导师会面并熟悉院系导师和以往学生的研究内容，院系应每年编制博士生研究题目及其导师姓名，并提供院系每个教师的研究领域、代表性著作以及他们能够指导的论文等相关信息。作为博士生导师，应告知学生他们对论文的期待，明确导师和学生的相互义务，并规定博士生各个学习阶段的完成时间，例如课程、资格考试、论文样张以及论文完成和答辩的起止时间。院系也应定期审查博士生的论文进展并进行评价，使学位论文与院系要求相符合。研究生院应收集每年博士生完成论文和获得博士学位时间的数据。

2. 美国研究生院委员会的政策建议

为了提高博士学位论文质量，美国 CGS 也向大学提出了建议：（1）经济资助是影响论文质量和完成率最重要的因素，理论上，学位论文需要研究者在一段时期内全身心地投入和努力，但实践上，经济压力迫使很多学生通过担任助教甚至校外工作来维持生计，这使得很多学生难以按时按量地完成论文撰写。这种境况在各学科间有很大差异，在资金资助较为充裕的自然科学领域，学生一般可以做到全身心投入，但在一些人文和社会科学领域实施起来则比较困难，这些领域的博士生常常在 ABD（All But the Dissertation）阶段选择退学。美国大学研究生院要求大学在论文撰写阶段尽可能提供足够的经济支持以使学生安心于论文工作，大学相关的政策也必须保持一定的灵活性以保证不牺牲学生的论文质量。（2）论文题目选择。在人文和社会科学领域，选择论文题目是费时、费力的工作，教师应尽可能帮助学生确定研究范围或领域，在课堂和研讨班中为学生的研究提供建议，为他们指明研究方向，院系也应该提前说明对论文的期待和要求。其他可能的帮助还包括允许学生在开始就关注某个特定领域、提交样张以及开设研究班等。（3）提交样张。提交样张可以让学生在早期就开始思考论文，并将他们的想法提交给论文指导委员会，以尽早给予他们指导。（4）规定论文的合理长度。CGS 和一些研究报告指出，过长的论文是导致毕业时间延长的主要因素，或许大学应该严格限制论文长度的最上限，并拒绝接受过长的论文，不过制定一个基于这一问题的相关政策也是困难的，这里需要再次强调灵活性问题。（5）独立性问题。论文独立性是促进论文完成的核心问题，在人文和社会科学领域的学生因为不会在实验室工作，因此在 ABD 阶段他们常常是单兵作战，院系可以在这一阶段提供一个论文工作坊（Dissertation Workshop）促进学生与教师以及学生之间的交流。（6）与导师和委员会的定期咨询。博士候选人、教师和指导委员会的定期会面咨询对鼓励学生及时完成论文至关重要。（7）定期审查论文进程。教师应定期审查学生论文的进展，这包括每学期的定期评估、年度审查等，院系委员会应该在每一个阶段审查学生的学习进程，并与学生分享这些信息，使学生明白在 2~3 年时间内必须要完成论文。

有些美国大学每年都会记录学生的进步情况并将其提交给研究生院，如果没有这些记录，学生将不能注册。（8）过度目标与期待。研究生院、院系和导师应该让博士候选人明白追求“尽善尽美”是困难的，学生的论文完成后，相关的其他工作可以在日后继续完成，期待“完美”是不现实的，学生不需要过于延迟论文完成时间，只要证明自己掌握了独立研究的工具并至少对知识作出一定程度的贡献即可，毕竟论文只是学生学术性工作的开始而非顶峰。

第七章　协同创新视角下中国博士教育实证研究*

攻读博士学位是一个基于多样化动机的重要决策，博士生求学的学术动机直接或间接决定了其学术意愿、创新行为和创新结果，从而对培养质量产生非常重要的影响。本章通过对全国 44 所高校、2000 名博士候选人的问卷调查，分析了他们选择攻读博士学位的动机状况以及未来的职业愿望，还深入探究性别、婚姻状况、本科就读学校以及攻读博士学位方式与入学动机之间的关系。研究结果显示，尽管学生选择攻读博士学位的动机是多样化的，但都十分强调博士学位与未来职业间的紧密关系，试图通过取得博士学位在未来获得稳定、安全的职业机会。对接受博士教育的本质理解不清晰，缺乏明确的定位和目标，在学术研究上缺乏足够的热情与意愿，这些都会影响到学术研究的成果获得与质量状况。因此，大学应通过合理的使命陈述，明确博士教育的本质和功能，使潜在的博士候选人具有更强烈的学术热情和成就意愿，从而提升博士教育的质量和声望。

---

* 本章部分内容已在《高教探索》2019 年第 6 期上发表。

一、博士生入学动机的实证研究

（一）问题的提出

学术动机是高等教育领域的一个重要议题，它直接或间接决定了学生的学术意愿、创新行为和创新结果，从而对培养质量产生非常重要的影响。博士教育作为国民教育的顶端，是高层次创新型人才的主要来源和科学研究潜力的重要标志，博士生的入学动机以及由此激发的学术表现和绩效是提升大学创新能力和水平的重要影响因素。对个体而言，追求博士学位是一个基于多样化动机的重要决策，因为这一过程不仅需要个体具有强烈的自我实现动机来维持学术探索活动并最终获得学位，同时也存在诸如损失时间、金钱等的风险，甚至最终不能成功获得这一学位，较高的耗损率是博士教育面临的严峻问题，这一问题不仅对个体而言是一个损失，对博士点甚至大学而言，也意味着声望和质量危机，最终会损害国家高水平人力资源的培养和储备。

入学动机被认为是关系博士教育质量的关键因素。多样化的入学动机直接决定了博士候选人的学术态度，是潜心于科研创新以实现学术理想和自我实现感，还是仅仅将“博士学位”作为职业升迁的工具而平庸地学习和研究？这种由动机引发的学术态度影响了博士生的学术成就以及博士教育耗损率（Graduate Attrition）、获得学位时间（Time to Degree）和完成率

（Completion Rate）等，而这些因素影响着博士生的培养质量。

（二）博士教育动力的内涵

1. 动机及其类型

动机主要是指个体愿意从事某项活动的性质和强度，是调节个体“能”做（can do）什么和“要”做（will do）什么的关键影响因素。动机不仅影响着博士生学术表现的优异与否，也是能否完成博士学位的重要影响因素。尽管很多博士生有能力完成学位并对知识生产有一定贡献，但动机是他们能否完成研究以及高质量完成博士学位论文的一个重要因素。

研究者一般将动机分为内部动机和外部动机。内部动机主要来自任务本身，表现在个体对任务的积极反应或任务本身所带来的乐趣，它通常表现为兴趣、参与度、好奇心或满足感。当内部动机较高时，人们会花费更多时间和精力来从不同角度应对问题带来的挑战，积极学习和获取与这一问题相关的知识和信息，高强度的内部动机也会让人们更愿意冒险并更加积极和富有创造性地解决问题。

外部动机主要来自任务以外的因素，例如等级或其他形式的预期评价，期待获得诸如金钱或礼物的奖励、外部命令，以及其他并非任务本身所带来的因素。大量的研究证明，外部动机能够削弱内部动机和创造性，部分因为外部动机只关心目标或奖赏而不是任务本身。因此，具有强烈外在动机的人倾向于采取短、平、快的方式完成任务，以达到目的获得奖赏，毕竟创造性地完成任务通常要耗费更多时间，并将任务本身作为奖赏，即任务和目标是统一的。

2．动机与学术表现和成就

知识和能力有时并不能完全解释学生的学术表现，存在着其他影响学生学术成绩的因素。研究发现，动机，包括内部动机和外部动机对学生的学术成绩具有非常重要的影响，其中内部动机对应着更高的学业成绩、智力表现、自尊、坚持和创造性。其他的研究也从不同方面研究了学习动机对学术成绩的影响，并将动机看作对学习者重要的有益力量，一般具有强烈内部动机的学生，更会克服困难完成自己选择的任务并渴望应对问题带来的各种挑战。

3．动机与博士培养质量

博士教育的主要目标是通过创造性的学术研究，为未来一生从事的知识探索做准备，成功完成博士学位论文意味着个体实现了从学生到独立研究者的转变。但在具体的教育实践中，导师和教育管理者们发现，对于一部分博士生而言，完成这一转变显得非常困难，仅仅依据本科期间的学术成绩或博士一年级的学术表现，难以判断谁将能够获得博士学位。除了学位完成率，博士学位论文的质量是博士生培养质量的核心，其最重要的特征表现在原创性（Originality）、重要性（Significance）和独立性（Independence）上，因此完成博士论文以及实现从课程参与者到独立研究者的身份转换，需要更多的自我管理、对学术研究的热情、兴趣和自我驱动力。有时学生有能力完成博士学位论文，但其质量却低到一种临界状态，内部动机在其中发挥着重要影响。除了内部动机，一些学生选择攻读博士学位也主要基于外部动机。包括成为教授、获得职业尊敬和职业安全感、成为教育实践领导者以及改变家庭和所处社区的不利地位等。

（三）研究设计与分析

1. 数据来源

本课题研究共选取了44所大学，其中大部分属于“985工程”大学或“211工程”大学。样本选择主要考虑：（1）区域均衡。样本学校的选择兼顾区域平衡。所选高校分布在东北、华北、华中、华南、西北等地区。（2）类型均衡。大学类型的选择充分考虑了理、工、医、农、林等学科布局，包括部属大学、省属大学及其他类型大学。（3）学科均衡。充分考虑学科的平衡分布。基于各大学自身的优势研究领域，尽可能涵盖了13个一级学科。

本次调查共发放调查问卷2000份，每所学校发放问卷数量为30—50份，其中北京地区高校，例如清华大学、北京大学、中国人民大学和北京师范大学的问卷数量均在50份以上。最终，回收了44所高校的1656份问卷，剔除无效问卷后，剩余有效问卷1399份（见表7–1）。

表7–1 课题调研问卷样本选择

数量	发放数	回收数	回收率（%）
高校数量（所）	60	44	73.3
问卷数量（份）	2000	1656	82.8

2. 研究设计

在研究设计上，根据动机理论，本研究将学生追求博士学位的动机分为内部动机（Intrinsic Motivation）和外部动机（External-related Motivation）。内部动机主要包括个体对学术研究的热情、实现个体目标、期待成为大学教师以及对获得博士学位的自豪感；外部动机主要包括家庭、社会因素，例如社会对高学历的期待、家庭期待、更好的职业空间、更高的经济收益，此外还包括其他一些动机，例如延缓就业或者从众心态，即没有明确的动机。

在研究方法上，本研究主要采用问卷调查法。问卷采用李克特量表法，将问卷主体部分的填答方式分为七点，采用七重计分法，即从消极到积极分为 7 个等级，1 代表完全不同意，7 代表完全同意。问卷回收后，课题组对问卷数据进行录入，前后检查多遍，尽可能减少技术性误差。问卷数据的汇总与处理主要在 STATA12.0 软件上进行，数据统计主要根据不同性别、年龄、博士攻读方式、大学类型、不同年级等对选择题进行观察值个数、平均值、方差、最小值和最大值的分析，并进行组间偏差分析和组内偏差分析。此外，针对个别选项，还利用众数和中位数观察选项的离散程度和分布情况，以更好地观察问卷所反映的潜在问题。

（四）研究问题与结果分析

根据针对“攻读博士学位的动机”这一选题，从结果看，“谋得更好的职业发展空间”被认为是攻读博士学位最主要的动机，其次为“对学术研究的热情”“想在大学或研究机构就职”以及“带来更高经济收益”。从这一分析结果来看，大多数博士生将“博士学位”与未来的职业和生存发展紧密联系起来，期待通过博士教育改变未来的职业发展并提升经济收益，这是一个十分值得进一步研究的结论（见表 7–2、图 7–1）。

表 7–2　攻读博士学位动机的总体统计

攻读博士学位的动机	观测个数	平均值	方差	最小值	最大值
1. 对学术研究的热情	1399	5.048606	2.202214	1	7
2. 缺乏明确目标	1399	2.631165	2.909643	1	7
3. 谋得更好的职业发展空间	1399	5.436741	2.230437	1	7
4. 延缓就业	1399	2.846319	3.321859	1	7
5. 对高学历的崇拜	1399	3.300929	3.23055	1	7
6. 家庭期待	1399	3.558256	3.394136	1	7
7. 社会对高学历的普遍要求	1399	4.401716	3.040226	1	7
8. 想在大学或研究机构就职	1399	4.957112	3.043939	1	7
9. 带来更高经济收益	1399	4.540386	2.773582	1	7

从“众数”来看，题项 2、4、5、6 四个选项中，被试选择最多的是“完全不同意”，也就是说，博士生认为自己攻读博士学位“有明确的目标”，并非主要出于“延缓就业”“对高学历的崇拜”和“家庭期待”，做出以上选择的被试数量最多。

被试在多数题项的选择上，都有较明显的“偏向”，或偏于选择“完全不同意”，或偏于选择“完全同意”(见图 7–1)。

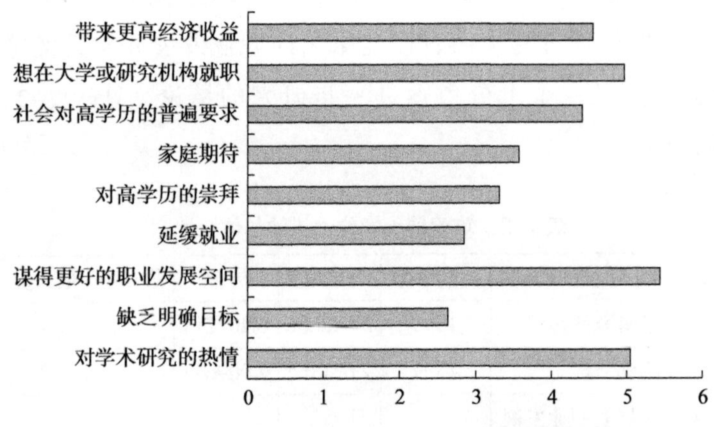

图 7–1　博士入学动机维度内部各题项的数理统计

为更好地分析不同学生群体在入学动机上的差异，本研究对性别、婚姻状况、本科就读学校、攻读博士学位的方式以及对博士学位本质的理解与入学动机的关系进行了分析。

1．性别与入学动机

从图 7–2 可知，总体上看，男性和女性在入学动机上并没有表现出明显的差异，按性别分别进行的统计结果与总的信息统计结果基本一致。不过，在一些选项上，不同性别人群还是表现出了一些差异，例如男性的入学动机更多地倾向于“对学术研究的热情”“带来更高经济收益”等个体价值的体现，而女性只有在“想在大学或研究机构就职”选项上的得分高于男性，这与女性择业希望“稳定”的社会期待和家庭期待相一致。

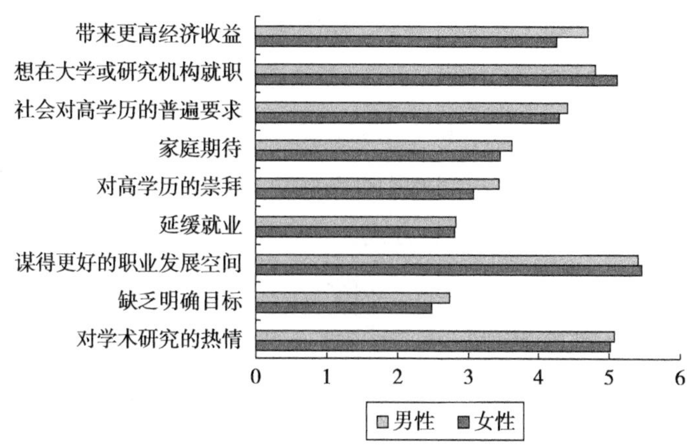

图 7–2　男性和女性入学动机差异化分析

2．婚姻状况与入学动机

本研究将调查对象的婚姻状况分为三类：未婚、已婚、已婚有子女。在婚姻状况与入学动机的关系上，在“对学术研究的热情”选项上的得分一致，三类人群间没有差异。但在诸如“延缓就业”“对高学历的崇拜”等方面的认同上，未婚与已婚的博士生人群存在差异。例如“已婚有子女”的人群在“延缓就业”选项上认同度最低，这可能由于已婚有子女人群需要承担家庭责任。在有无明确目标方面，已婚人群相对于未婚人群，在攻读博士学位方面表现得“目标更明确”。

3．本科就读学校类型与入学动机

本研究将调查对象的本科学校分为三类：“985 工程”大学、“211 工程”大学及其他类型大学，对三类人群与入学动机间的关系进行了分析。调研发现，本科在“985 工程”大学的学生，通过博士教育“想在大学或研究机构就职”的人数较多。而本科在“211 工程”大学的学生，攻读博士学位更多出于“社会对高学历的普遍要求”以及对“高学历的崇拜”，这一群体更期待通过博士教育以获得高的经济收益和改变处境不利的状况。

4．攻读博士学位的方式与入学动机

针对攻读博士学位的方式，本研究将博士生群体大概分为两类：全职和在职，前者主要指全日制的博士生，后者主要包括有工作单位且非全脱产的博士生。调研发现，攻读博士学位的方式不同，在入学动机上也有差异。具体而言，全职博士生更期待通过获取博士学位，“想在大学或研究机构就职”并满足家庭期待，他们更多出于职业选择的需要，而在职博士生则更多出于社会期待，即“社会对高学历的普遍要求”。

5．对博士学位本质的理解与学生的选择动机

除了内外部动机外，学生对博士学位的理解也是追求博士学位的重要影响因素，间接影响着个体的选择行为。本研究调查了学生对博士项目的理解是否存在偏差，而这种偏差是否影响了他们的入学动机。本研究将博士学位的本质界定为四个方面：为从事学术研究做准备、为就业做准备、提升社会适应能力以及获取专业技能。在这一调查中，共获得观测个数 1399 个，从数据的分析结果来看，大部分人较为认同博士教育主要是为了“学术训练”，而将提供专业技能训练置于最不重要的地位，这一统计结果与博士教育是“从事高深研究”的最初理解是一致的。随着博士教育与职业发展的关系日益紧密，多数博士生也认同博士教育能够“提升职业能力”，这表示博士教育不仅与高深学术研究密切相关，也被认同与其他职业能力的

训练有关系（见表 7–3）。

表 7–3　博士教育目标定位的信息统计分析

博士教育的目标定位	观测个数	平均值	方差	最小值	最大值
从事学术研究	1399	5.717008	1.938927	1	7
提升职业能力	1399	4.679605	2.484845	1	7
提高社会适应力	1399	4.238532	2.869616	1	7
提供专业技能训练	1399	4.160198	3.52446	1	7

（五）博士教育的动机分析及其政策意义

1. 学术动机影响着科研创新的动力和博士生的培养质量

学术动机对于博士教育而言更为重要，这主要基于：首先，博士教育培养了大量实施创新的主体，即高质量的研究人员和学者；其次，博士生的科研活动能够促进科学的创新，通过直接参与科研项目进行原创性研究和知识创造，毕业后，他们将博士教育期间所获得的前沿知识传播到工业或学术领域，成为知识传播的重要媒介。事实上，博士生在读期间的学术贡献也越来越被学术界所关注，他们甚至已经成为科学研究的重要生力军。詹姆斯（James）等人通过对美国 100 多所研究型大学的数据分析发现，在其他变量稳定的情况下，大学教师的研究生产力（可以用出版物或引用率来测量）与一所大学博士生数量的多寡有着紧密的关系。[1] 马斯库斯（Maskus）等人利

[1] James D.Adams，John Marsh，J.Roger Clemmons.Research，Teaching and Productivity of the Academic Labor Force［R］. New York：Department of Economics at Rensselaer Polytechnic Institute，2005.

用国家统计年鉴的研究也发现，保持其他变量不变，科学和工程领域博士生数量的增加与专利申请、大学获得的专利和其他相关机构获得专利的数量增加有着紧密的联系。[1]

但是，学术创新是一种有风险的探索活动，它需要个体具有积极的学术意愿、持之以恒的学术探索精神和良好的学术态度，因此博士生的学术动机直接或间接决定了他们的科研创新热情和科研成就。如果学生仅仅将博士学位作为进入劳动力市场的“资格凭证”，而不是追求学术精深和卓越，那么他们很可能在学术活动中采取较为消极的态度，而仅仅满足学位的最基本要求。从此次统计结果来看，大部分候选人认为博士教育的主要目标是从事学术研究（均值为5.7），但在询问他们“攻读博士学位的动机”时，大部分还是将博士学位作为提升未来职业竞争力的工具，缺乏明确的定位和目标，使得博士生群体的质量参差不齐（均值为5.14）并导致部分人将“博士学位”作为沽名钓誉的工具（均值为5.34）。这一现象不仅与社会的用人制度有关，更为关键的是博士候选人、用人单位和其他利益相关者对博士教育的本质究竟是什么并不清晰。

2. 在理论上厘清博士教育的定位、概念、内涵等关系博士生培养质量的重要本质问题

自1981年1月1日正式建立学位制度以来，经过30余年的改革与发展，我国博士教育取得了举世瞩目的成就，已进入

[1] Gnanaraj Chellaraj, Keith E.Maskus, Aadita Mattoo.The Contribution of Skilled Immigration and International Graduate Students to U.S Innovation［M］.Boulder: Department of Economics University Of Colorado Boulder, 2005.

博士教育大国行列。但是，从高等教育体系来看，博士教育仍是整个高等教育系统中最为薄弱的部分，由于中国学位制度的建立有其特定的历史背景，在哲学层面并未明晰陈述诸如博士学位的核心、博士教育的职能等关系博士教育的本质问题，在培养机制上缺乏系统性和科学的制度安排，导致我国博士培养仍然面临着质量和声望危机。

博士教育的本质究竟是什么？从哲学博士学位的产生历史来看，在德语地区的大学中，衡量哲学博士学位的一个公认的重要标准是高深研究。在这种意义上，拉普德斯（LaPidus）分析了知识和信息生产的差异，他认为哲学博士学位与那些专业博士学位，例如法律、医学、神学是十分不同的。[1]但在美国，独特的背景使这一传统发生了变化。沃尔特（Walters）说，早期的边疆背景塑造了美国人实用主义的精神，需要接受有关工业、机械和农业等方面的教育。[2]伴随这一趋势的发展，就需要培养足够而稳定的研究生承担起这些职业发展的责任，并通过研究来促进实践。[3]实用主义的要求与传统的博士学位内涵产生了冲突，杜威（Dewey）将这种冲突看作技术和专业训练的冲突，以及教育的努力还如同过去一样，将闲暇和自由的文

---

❶ LaPidus，J.B.Current Issues and Trends in Graduate Education［M］. Calgary：University of Calgary，1990：21.

❷ Walters，E.The Rise of Graduate Education：Graduate Education Today［R］. Washington.D.C：American Council on Education，1965：1–4.

❸ Mayhew，L.B.Graduate and Professional Education.In Knowledges［M］.The International Encyclopedia of Higher Education（Volume 5）.San Francisco：Jossey–Bass，1977：1907.

化注入青年人的灵魂中。[1]

实际上，对“博士教育究竟培养什么人”这一问题的争论贯穿博士教育历史发展的始终。以美国为例，一般认为博士教育是要培养学生为创造性的研究做准备，[2]也有争论说博士教育的目标应该范围更广一些，比如也要进行教学的训练，[3]以及培养学生在非学术部门的工作能力。[4]一些学者为他们的市场导向的研究争辩说，这是为随后的研究成果转化提供便利，[5]由于博士生将来可能成为教师、研究者或非学术人员，他们的研究完全依赖于学生个人的职业选择。这导致很多人质疑：博士学位到底意味着什么，更确切地说，取得一个 Ph.D 到底意味着什么，是标志着学生通过这一学位掌握了某种技能还是变得更有可塑性。直至今日，这一问题仍悬而未决。

在实践上，博士教育本质问题不论对个体还是大学组织而言，都会导致因理论混淆而产生的目标错位问题，从而影响博士生培养质量。因此，大学应该明确博士生培养目标和标准，

---

[1] Dewey，J.Proceedings［M］.Washington.D.C：Association of American Universitiess，1917：31.

[2] Council of Graduate Schools.The Doctor of Philosophy Degree: A Policy Statement［R］.Washington.D.C.：Council of Graduate Schools，1990.

[3] Adams，K.A.What Colleges and Universities Want in New Faculty. Preparing Future Faculty Occasional Paper Series［R］.Washington.D.C.：Association of American Colleges and Universities，2002.

[4] Atwell，R.H.Doctoral Education Must Match the Nation's Needs and the Realities of the Marketplace［J］.The Chronicle of Higher Education，1996（14）4-6；Jones，E.，Beyond Supply and Demand：Assessing the Ph.D.Job Market［J］.Occupational Outlook Quarterly，2003（4）：22-33.

[5] Berelson，B.Graduate Education in the United States［M］.New York：McGraw-Hill，1960：97.

吸引真正有学术兴趣和创新能力的学生。

3. 以清晰的使命陈述明确博士教育的职能，避免学术动机"异化"

相对于教育系统中的其他子系统，博士教育在整个高等教育领域内的变革相对缓慢，这得益于它当初以追求纯粹知识、与现实世界隔离的价值定位，即只培养那些精心挑选、具有自己独特视角、拥有崇高价值观的人，博士生们常常是出于知识本身而去追求知识，而非实现社会某种功能的机器。遵循这一最古老的价值定位，博士教育一直以"高深研究"为其合法性基础，博士候选人也一定是出于增添"知识的荣耀"而选择进入博士项目。

随着社会经济的发展以及不同教育哲学理念的更替，博士教育的这一古老职能并未改变。尽管博士生们的研究不再需要远离实际需要而保持"知识"的纯洁性，但从事原创性基础研究依然是评价博士生们科研工作的主要标准。在很多国家，对博士候选人的要求尽管是多元化的，但是否具有研究兴趣和研究潜力是进入博士项目的首要标准。基于此，考查博士候选人的入学动机，能够反映博士教育的现状和未来发展水平，因为动机是推动人从事某种活动，并朝一个方向前进的内部动力，是为实现一定目的而行动的原因。动机具有引发功能、指引功能和激励功能，只有符合博士教育本质的入学动机才能指引博士候选人潜心于学术研究，才能为国家的科技创新作出贡献，而动机的"异化"将会弱化一个国家博士教育水平和质量。

本研究不仅对博士生的入学动机进行了调查，还对他们的职业期待进行了分析。因为未来的职业选择不仅会影响博士生的入学动机，也会影响博士生的学术态度。从调查情况来看，分别有69.5%和51.44%的博士生对未来的职业生涯规划是进入“大学”和“科研组织或机构”工作；其后是选择“国有大中型企业”“党政机关”“出国（博士后或工作）”和“外资企业”工作；选择成为“博士后”的占16.5%，选择“创业”和“私人企业”的比例则很小（见表7–4）。

表7–4　博士生对未来职业规划情况统计

职业选择	频次	所占比例（%）
外资企业	311	21.38
私人企业	88	6.05
国有大中型企业	433	29.78
党政机关	398	27.37
大学	1004	69.50
科研组织或机构	748	51.44
博士后	240	16.50
出国（博士后或工作）	281	19.33
创业	118	8.12

博士教育体系作为社会大系统的组成部分，其水平高低或系统特点受到诸如民族文化、教育传统、经济发展水平等因素的影响，博士生只是其中的一个变量，仅对他们的调查显然不能反映博士教育体系的所有问题。不过，博士生作为博士教育的主体，他们对待研究和学习的态度直接或间接决定着博士教育的整体水平，也影响着国家未来经济与科技的发展，对博士生的深度调查，可以部分反映当前我国博士教育的水平及其存

在的问题。从此次调查来看，多数博士生认同“学术研究”是博士教育的合法性基础，同时他们也在“博士学位”与“未来职业期待”之间建立起了非常紧密的关系。

二、博士生与导师间的指导关系问题研究

博士培养质量的影响因素较为广泛，但导师和博士生之间形成的指导关系被认为是影响质量的关键要素。本研究利用博士生培养的调查问卷，对全国44所高校的博士生进行抽样调查，分析博士生选择导师的影响因素以及师生指导关系现状和满意度，并就这些因素在性别、就读学校和学科类型间呈现的差异性进行探讨。研究还采用相关分析和回归分析的方式，探究导师指导对博士生学术创新能力发展的影响机理。研究发现：导师声誉是影响博士生选择入读高校的最重要因素，而导师的学术影响力和学术声望、研究方向以及对学生认真指导的良好口碑成为选择导师的主要标准。博士生对导师的选择标准以及对导师指导的满意度在性别和学科类型上呈现出部分维度的显著差异，在高校类型维度上也呈现出一定的组间差异。尽管导师对博士生的指导关系显著地影响着博士生的学术创新能力，但也存在博士生对导师指导的满意度不高，部分导师缺乏学术指导经验以及责任感和使命感不足等问题。

（一）中国博士教育的发展

改革开放40多年来，我国博士教育取得了丰硕的成果，

其发展规模已进入世界前列。据教育部统计数据显示，2016年，我国博士生共招收7.73万人，在学博士生34.2万人，毕业博士生5.5万人，[1]成为世界博士教育第一大国。博士教育作为高层次创新型人才的主要培育形成，其培养质量的高低直接关系着整个国家科技创新能力和未来的创新潜力，因而提升博士教育的质量和声望是当前我国研究生教育，乃至整个高等教育体系最为重要的议题。根据2007—2008年国务院学位委员会、教育部等部门联合开展的全国规模的质量调查显示，"导师指导"是影响博士生培养质量的最关键因素，影响着学生创新能力和学术能力的发展。[2]一方面，我国博士生的招生规模每年以一定的比例在增长，博士生导师的规模也在不断壮大，从2012年的统计数据来看，研究生院高校导师人数达8.6万人，博士生导师占45.6%，共有39216人。[3]但另一方面，对博士生导师的学术和指导能力的要求在不同高校间呈现出明显的差异，出现了因导师指导不足而产生的质量问题，例如博士学位论文选题的前沿性与创新性不足，毕业时间延长甚至因为中途退出而产生的耗损率不断提高，以及博士学位论文剽窃等学术不端行为，这些问题的出现不仅关涉导师的学术素养和指导水平问题，也反映了导师使命感和责任感的不足。

---

[1] 中华人民共和国教育部. 2016年全国教育事业发展统计公报［EB/OL］.http://www.moe.gov.cn/jyb_sjzl/sjzl_fztjgb/201707/t20170710_309042.html.

[2] 梅红，宋晓平，张伟绒. 我国研究生教育外部质量保障体系建设思考［J］. 研究生教育研究，2012（3）：13–18.

[3] 李海生. 我国研究生院高校导师队伍现状及思考［J］. 学位与研究生教育，2015（9）：14–19.

目前对于博士教育阶段导师指导的探讨不多，主要原因在于博士生和导师之间形成的指导关系是一个高度个体化的活动，在不同个体、高校和学科领域间难以形成一个具有普遍意义的指导标准或规则，但从博士生这一微观的视角分析博士生对于导师的选择、师生关系以及导师的指导体验，是一个较为理想的路径。

（二）导师的基本内涵及源流

从“概念”的历史演进来看，导师（Mentor）一词可以追溯到荷马史诗《奥德赛》（*Odyssey*）中，Mentor是奥德修斯最忠诚的朋友，在特洛伊战争期间，他委托Mentor指导自己十岁儿子忒勒马科斯的教育和成长，忒勒马科斯的教育包括身心各个方面的发展：身体、智力、道德、精神、社会和管理等，因此Mentor担负着多重角色：教师、教练、答疑解惑者、知己、咨询者和朋友。[1]尽管导师的思想已经发展了几个世纪，但直到20世纪70年代，导师的概念和指导关系的重要性才被“重新发现”并流行起来，莱文森（Levinson）曾经对导师的概念作了一个普遍接受的界定，认为导师应该是一名教师、老板、编辑或是保护人（Protege），是给予智慧、帮助、批评并赐予祝福的经验丰富的合作者，他建议可以用指导者（Adviser）、帮助者（Sponsor）或咨询者（Counselor）这些术语来做“导

[1] Sergio Aguilar-Gaxiola，Raymond C.Norris，Grances J.Carter.The Roles of Mentors in the Lives of Graduate Students［M］.New Orleans：Educational Research Association，1984：5.

师”的同义词。[1] 在博士教育中，导师一般指对个体发展有益且紧密联系的人，[2] 亦是博士生的学术指导者，或者是某个领域或研究机构的专家，在博士生的整个学习生涯中，导师通过各种支持和帮助为未来培养研究者。[3] 博士生与导师之间形成的指导关系的质量和特征是博士生学习期间最为重要和敏感的部分，指导（Mentoring）被定义为“一个养育过程，其中更有技能或经验的个人，充当着榜样、教师和支持者的角色，鼓励、指导和帮助一个能力或经验较低者，以提高后者的专业和个人发展”[4]。

导师在博士教育中承担何种角色？尽管一些文献指出导师对职业成功的重要性以及他应该承担的角色，但在如何界定导师的行为和角色上仍然缺乏一致的观点，尤其是缺乏一些实证研究。卡特（Carter）提出了导师量表（Mentor Scale），描述了导师的 16 类指导行为，包括行为模型、精神帮助者、咨询师、资助人、评价者、教师、培训师、教练、价值观传递者、主人、领路人、建议者、榜样、顾问、指导老师和智

---

[1] Levinson，D.J.The Seasons of Man’s Life［M］. New York：Alfred A. Knopt，1978：98.

[2] Bernier A，Larose S，Soucy N. Academic mentoring in college：The interactive role of student's and mentor's interpersonal dispositions［J］. Research in Higher Education. 2005；46（1）：29–51.

[3] Hall L，Burns L. Identity development and mentoring in doctoral education［J］. Harvard Educational Review，2009，79（1）：49–70.

[4] Aura L. Paglis，Stephen G. Green，Talya N. Bauer. Does Adviser Mentoring Add Value？ A Longitudinal Study of Mentoring［J］. Research in Higher Education，2006（47）：451–476.

力激励者。[1]不过师徒关系（Mentor-Protege Relationship）的核心又包含着全面性，因此很难分辨到底是导师扮演的哪种角色影响了学生的发展。巴恩斯和奥斯汀（Barnes & Austin）的研究认为，不同大学甚至同一院系导师的具体指导方式有很大的个体差别，并没有统一的指导模式，不过大学和学生对导师仍然有一个较为清晰的角色期待，即培养博士生成为未来成功的研究者。[2]导师应在合作、指导和给予学生建议上发挥主要角色，还应紧跟学术研究的最新趋势并对学生提供心理和情感上的帮助和支持。[3]作为一名合格的导师应具备哪些特征？研究认为，学生喜欢的导师类型是多样的，其中成功导师的特征主要包括正直、值得依赖、易相处、关心学生、诚实和具有学术能力等。[4]在确定导师时，学生并不是寻找"朋友"，而是寻找一位能够督促他们在学术和职业上进步的人。

学者们还对导师以及导师与学生之间的指导关系对博士生发展的作用进行了一些定性和定量的研究。莫妮卡（Michelle Mollica）等人以关键词搜索的方式，对2003—2014年期刊发表的关于博士生导师与学生之间的相关文献进行了梳理，其中

---

[1] Carter F.J.Quality of Life adjustment, and stress among graduate students [D]. Nashville: George Peabody College of Vanderbilt University, 1983.

[2] Barnes B, Austin A. The role of doctoral advisors: A look at advising from the advisor's perspective [J]. Innovative Higher Education, 2009, 33: 297-315.

[3] Lechuga V. Faculty-graduate student mentoring relationships: Mentors' perceived roles and responsibilities [J]. Higher Education, 2011, 62: 757-771.

[4] Bell-Ellison B, Dedrick R. What do doctoral students value in their ideal mentor? [J]. Research in Higher Education, 2008, 49: 555-567.

有 12 篇文献涉及导师指导作用。研究显示，尽管指导学生是一项十分费时的工作，但博士生能够从这种指导中受益，例如降低社会隔离感、提升学术能力、提高毕业率等。[1]哈特内特（Hartnett）曾研究了对博士生的社会—心理发展最为重要的五个影响因素，首要因素便是学生与导师之间关系的本质和质量。[2]缅因哈德（Mainhard）根据前人的研究基础，发展和完善了师生互动关系问卷，用于研究怎样的师生互动最适合博士生学习，使其满意并有利于完成高质量的学位论文。[3]在博士教育中，获得导师有效的指导可以提升学术成就和社会化水平，培养学者气质以及研究和职业发展能力。[4]导师指导也是降低博士生耗损率（Attrition Rate）和缩减毕业时间的重要策略。[5]美国博士生的耗损率平均达到了 40%~50%。在针对退学博士生的研究中发现，退学原因主要包括个体因素与组织因素。个体因素包括婚姻状况、孩子或家庭责任，而组织因素则包括错误的指导（Misadvising）、缺少经济资助、隔离

---

❶ Michelle Mollica，Lynne Nemeth.Outcomes and Characteristics of Faculty/Student Mentorship in PhD Programs［J］.American Journal of Educational Research，2014，2（9）：703–708.

❷ J.Katz，R.T.Hartnett.Scholars in the Making［M］.Cambridge：Ballinger，1976：59.

❸ Mainhard T，Rijst R，Tartwijk J，Wubbels T. A Model for the Supervisor–Doctoral Student Relationship［J］. Higher Education，2009（58）：359–373.

❹ Felder P. On doctoral student development：Exploring faculty mentoring in the shaping of African American doctoral student success［R］. The Qualitative Report，2010，15（2）：455–474.

❺ Maher M，Ford M，Thompson C. Degree progress of women doctoral students：Factors that constrain，facilitate，differentiate［J］. The Review of Higher Education. 2004，27（3）：385–408.

感、教师离职和院系政治制度和文化等。此外，博士生一般处于一个学习压力较大的环境中，导师在心理上的帮助可以提升博士生的自我效能。[1]

从国内研究来看，已有的研究主要从导师与博士生的关系进行探讨，包括所体现出的特点和学科之间所呈现出的差异。王东芳利用质性研究的方式，对美国一所研究型大学的博士生导师进行访谈，以化学和英语学科为例，比较了不同学科导师与学生的关系，反映出不同的指导风格，形成不同的权力结构和紧密程度，会影响到博士生的培养状况。[2]王东芳的研究证实学科文化对不同学科的师生合作仍有着根深蒂固的影响。[3]因此，博士生培养是否需要依托科研课题取决于不同学科的研究文化，而且不同学科的依托形式和程度也不同。宋晓平、梅红的研究结果显示师生互动关系处于“高度合作 + 一定程度强势指导”和“高度合作 + 一定程度尊重学生观点和意见”时，更有利于推进博士生的科研进展。[4]从冯蓉、牟晖的研究得知，尽管从总体上看不同学科博士生较为趋同地认为导学关系的本质属性是“学术指导关系”，但不

---

[1] Paglis L，Green S，Bauer T. Does adviser mentoring add value? A longitudinal study of mentoring and doctoral student outcomes［J］. Research in Higher Education，2006，47（4）：451–476.

[2] 王东芳 . 博士教育中的师生关系：学科文化视角的解读［J］. 比较教育研究，2015（6）：57–63.

[3] 王东芳 . 博士教育中师生科研合作的学科差异［J］. 高等教育研究，2014（2）：48–53.

[4] 宋晓平，梅红 . 博士生培养过程中师生互动关系研究——基于博士研究生的视角［J］. 中国高教研究，2012（8）：50–54.

同学科的认可程度存在差异。[1]陈珊、王建梁对澳大利亚昆士兰大学关于博士生导师指导情况的调查进行了分析和研究，并通过国际比较，认为导师指导频率是影响博士生培养质量的关键因素。[2]任婷、秦静通过调查发现，导师的指导频率和指导程度与博士生学位论文的选题、一般论文的质量以及科研能力有很大关系。[3]范皑皑、沈文钦经过研究发现，良好的导师指导也存在学科差异，对于人文学科，博士生更适宜"协商秩序"模式的指导，而对于工学博士生则更适合"技术理性"模式的指导。[4]在我国，对博士生与导师之间关系的理论和实证研究较少，关于导师指导对博士生培养质量的重要性也缺乏认识。基于此，本研究主要围绕当前博士生对导师地位的认识、指导关系的满意度以及当前指导关系存在的问题等进行实证研究。

（三）博士教育中导师满意度调查结果

在研究工具的设计中，导师在博士生培养中占据着十分重要的地位，导师自身所具备的学术修养、指导学生的能力和态度、个体的性格和道德特征是博士生培养质量的关键

---

❶ 冯蓉，牟晖．博士生导师在构建和谐导学关系中的作用研究——基于北京市10所高校的调查［J］．研究生教育研究，2014（2）：54-58.

❷ 陈珊，王建梁．导师指导频率对博士生培养质量的影响——基于博士生视角的分析和探讨［J］．清华大学教育研究，2006（3）：61-64.

❸ 任婷，秦静．导师指导与博士生培养质量分析［J］．世界教育信息，2012（2）：52-55.

❹ 范皑皑，沈文钦．什么是好的博士生学术指导模式？——基于中国博士教育调查数据的实证分析［J］．学位与研究生教育，2013（3）：45-51.

所在。因此，问卷工具将包含上述维度，通过博士生对这些指标的主观认同态度，来反映当前博士生对导师的满意度以及导师指导在博士生培养中所产生的作用。问卷的主体内容有：博士生背景信息包括性别、婚姻状况、就读高校、年级、学科、攻读方式等；导师对博士生的指导关系包括博士生选择导师的标准，导师的指导频率以及博士生对导师的满意度等；此外还有博士生的发展状况，包括学术素养、研究能力以及学术竞争力维度。调查问卷采用李克特量表法，将问卷主体部分的填答方式分为七点，采用七重计分法，即从消极到积极分为 7 个等级，1 代表完全不同意，7 代表完全同意。

1．博士生选择就读学校的影响因素

为了更好地了解导师在博士生培养中所处的地位，问卷中设计了博士生选择就读高校或博士点的影响因素指标，所包括的选项包括学校声望、专业排名、导师声誉、学术要求、入学考试等方面。从均值分析与排序可以看出，影响博士生选择就读学校或博士点的首要因素为导师声誉，其次为专业排名和学校声望，均值分别为 5.6、5.41 和 5.05，介于比较同意与同意之间。可否提供良好的生活保障以及是否能顺利获得学位也在博士生的考量范围内，入学考试是否容易通过的均值最低，所产生的影响较小。综上，博士生在就读学校的选择上以导师声誉为主，可见导师在博士生培养中占据着很重要的位置（见图 7–3）。

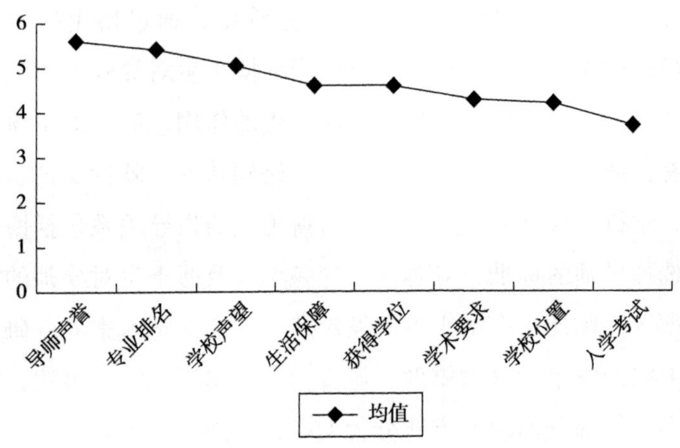

图 7–3　博士生选择就读学校或博士点的影响因素

2．博士生选择导师的标准要求

导师对博士生未来从事学术研究具有重要影响，如何选择导师成为进入博士培养项目的第一步。问卷中设计了选择导师标准的相关题项，通过均值分析可以看出，博士生对导师的选择主要基于导师的学术影响力和学术声望、研究方向、对学生认真指导的良好口碑，均值分别为 5.65、5.49 和 5.4，介于比较同意与同意之间。而社会影响力、熟悉程度、易于找工作选项的均值偏低，尤其是导师行政职务选项的均值最低，博士生对其比较不同意。从一定程度上表明，当前博士生在选择导师时更看重“学术”因素，而非“行政”因素。不过，由于目前我国高校中存在学术权力与行政权力重叠的状态，对这一问题回答的真实性有待深入探究与分析（见图 7–4）。

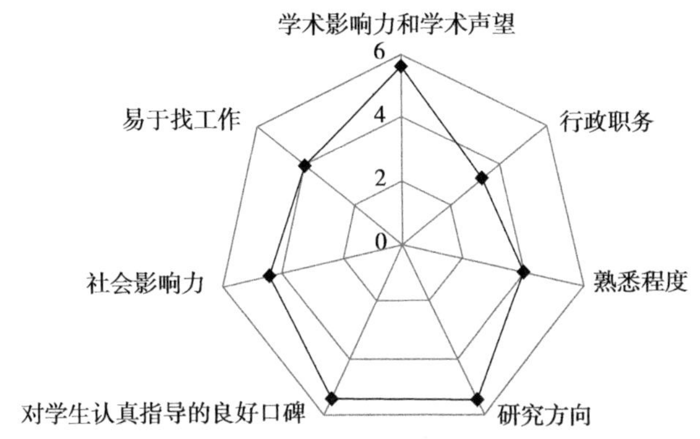

图 7-4　博士生选择导师的标准

上述描述分析可以看出，博士生都比较认同导师的学术影响力和学术声望、研究方向以及对学生认真指导的良好口碑。进一步采用平均数差异检验的方式，分析博士生选择导师的标准在性别、就读学校以及所属学科上是否存在显著差异。从性别维度来看，主要采用独立样本 t 检验，在考虑方差齐性的条件下，男生与女生在社会影响力、对学生认真指导的良好口碑、研究方向、熟悉程度、学术影响力和学术声望维度上，没有呈现出显著差异。但在导师行政职务（$t=4.289$，$p<0.01$）和易于找工作（$t=4.406$，$p<0.01$）维度上呈现出极其显著的差异，从均值比较来看，男生比女生的均值更高，男生更为认同导师的行政职务和易于找工作维度，在选择导师上对其更为看重。

从所属高校来看，主要采用单因素方差分析，对就读于"985 工程"大学、"211 工程"大学和一般大学的博士生进行比较。经过 F 检验，不管就读于什么类型的高校，博士生在学术影响力和学术声望、研究方向、对学生认真指导的良好口碑、易于找工作维度上，没有呈现出显著差异；但在导师行政职务（$F=3.718$，$p<0.05$）、熟悉程度（$F=3.879$，$p<0.05$）、社会影响力（$F=5.595$，$p<0.01$）维度上呈现出显著差异。经过 LSD 事后多重分析，就读于“211 工程”大学的博士生在导师行政职务维度上的均值显著高于“985 工程”大学，就读于一般大学的博士生在熟悉程度维度的均值显著高于“985 工程”大学，就读于“211 工程”大学的博士生在社会影响力维度的均值显著高于“985 工程”大学和一般大学，博士生在上述三个维度均呈现出显著的组间差异。

从学科类型来看，根据高等教育的学科分类，通常将学科分为人文社会科学（文科）和自然科学（理工科），主要采用独立样本 t 检验的方式。经过分析，文科与理工科博士生在学术影响力和学术声望、行政职务、研究方向、对学生认真指导的良好口碑维度上，没有呈现出显著差异；但在熟悉程度（$t=2.439$，$p<0.05$）、社会影响力（$t=2.146$，$p<0.05$）维度上呈现显著差异，尤其在易于找工作（$t=-3.621$，$p<0.01$）维度上呈现极其显著差异。从均值比较来看，文科博士生在熟悉程度、社会影响力维度上显著高于理工科，而在易于找工作维度上显著低于后者。文科博士生相比理工科博士生在导师选择上更注重与导师的熟悉程度以及所产生的社会影响力维度。

3. 博士生对导师指导的满意度

鉴于导师在博士生培养中所占的重要地位，导师的指导频率可以视为建立良好指导关系的重要指标。从均值分析来看，博士生遇到学术问题后，比较同意会首先与导师沟通

（M=4.53）。博士生每周、每月与导师会面的频次较多，其均值分别为 4.34 和 4.32，处于一般和比较同意之间；而与导师会面次数非常有限的选项，其均值为 3.81，处于比较不同意和一般之间。可以看出，导师对博士生的指导频次比较固定，按照一定的频率来进行，博士生基本上能够定期与导师进行会面并沟通研究和学习情况。从各选项的具体选择数量来看，博士生在各选项的分布比较分散，也就是说，博士生找导师沟通以及会面的频次因人而异，有的学生与导师的会面频率不能得到有效保障（见图 7–5）。

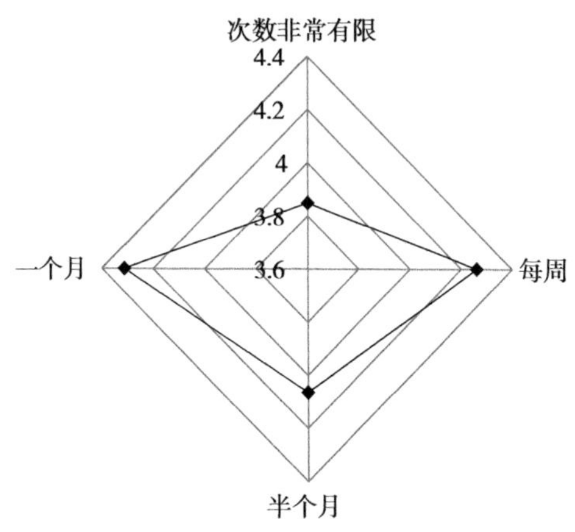

图 7–5　博士生与导师会面的频率分布

在导师指导的满意度分析上，主要指标包括导师指导的重要性以及导师的责任感、学术指导、学术修养等。从各维度均值来看，导师指导的重要性和不需要导师太多的指导的均值分别为 5.90 和 3.42，说明博士生很看重导师的指导，认为导师的指导在博士训练中非常关键，对不需要导师太多指导的看法基本上持不赞同态度。博士生对导师指导也存在着一些满意度不高的问题，主要体现在导师的责任感、学术指导、学术修养、指导质量维度，其均值分别为3.47、3.22、3.37、3.65，介于比较不同意与一般之间。博士生普遍认为导师参与的事务性或与学术无关的工作较多，均值为4.91，接近于比较同意。此外，博士生参与导师科研项目的均值为4.49，介于一般和比较同意之间，持比较认同的状态（见表7–5）。

表7–5　博士生对导师指导的满意度

指标	数量	平均值	标准差	最小值	最大值
导师指导的重要性	1454	5.90	1.302	1	7
导师体现出的责任感	1454	3.47	1.596	1	7
导师的学术指导	1454	3.22	1.585	1	7
导师的学术修养	1454	3.37	1.516	1	7
导师参与的事务性工作	1454	4.91	1.517	1	7
导师的指导质量	1454	3.65	1.624	1	7
不需要导师太多的指导	1454	3.42	1.600	1	7
参与导师的科研项目	1454	4.49	1.561	1	7

上述描述分析可以看出，博士生都比较认同导师指导的重要性，但在导师指导中的责任感、学术指导、学术修养、指导质量、参与事务性工作维度表现出满意度不高的问题。进一步采用平均数差异检验的方式，分析导师指导满意度在性别、就读学校以及所属学科上是否存在显著差异。从性别维度来看，

主要采用独立样本t检验，在考虑方差齐性的条件下，男生和女生在这些维度上都呈现出极其显著的差异。从均值比较来看，女生在重要性程度、责任感、学术指导、学术修养、指导质量、参与科研项目等维度上都显著高于男生，男生则在参与事务性工作和不需要导师太多指导维度的均值上显著高于女生。女生对导师指导的满意度更显著高于男生，男生的满意度相对较低。

从所属高校来看，主要采用单因素方差分析，对就读于不同类型高校的博士生进行比较。经过F检验，不管就读于什么类型的高校，博士生在不需要导师太多指导维度上呈现出显著差异，而在其他维度都没有呈现出显著差异。经过LSD事后多重分析，就读于“211工程”大学的博士生在不需要导师太多指导维度的均值显著高于“985工程”大学和一般大学，呈现出显著的组间差异。而在其他维度上均没有呈现出显著的组间差异，呈现出比较一致的状况。

从学科类型来看，根据高等教育的学科分类，通常将学科分为人文社会科学（文科）和自然科学（理工科），主要采用独立样本t检验的方式。经过分析，文科博士生与理工科博士生在重要性程度、学术指导、指导质量、不需要导师太多指导维度上，没有呈现出显著差异；但在责任感（$t=2.064$，$p<0.05$）、学术修养（$t=2.767$，$p<0.01$）、参与事务性工作（$t=-2.562$，$p<0.05$）、参与科研项目（$t=2.673$，$p<0.01$）维度上呈现显著差异。从均值比较来看，文科博士生在责任感、学术修养、参与科研项目维度上显著高于理工科博士生，而

在参与事务性工作维度上显著低于后者。

（四）导师指导与博士生科研互动促进创新

在上述描述分析与平均数差异检验的基础上，为探讨导师指导在博士生培养中所发挥的重要作用，继续采用相关分析和回归分析的方式，对导师指导的维度和博士生科研能力发展之间的关系进行深入探究。在自变量的选择上，按照导师对博士生的指导状况，主要包括指导的重要性程度、指导质量、指导频次、导师所具备的学术修养、责任感、导师从事的事务性工作、与博士生之间的学术讨论、博士生参与导师的科研项目等 8 个变量；在因变量的选择上，以博士生在学术素养与科研能力维度的发展状况为主。

针对两者的相关性进行探究，主要采用双变量相关分析方法（Pearson Correlation），得到双尾检验的结果。可以看出，导师指导的重要性程度、与导师的学术讨论、参与导师的科研项目、指导频次和指导质量，与博士生学术科研能力发展之间呈显著正相关。也就是说，导师对博士生进行指导的重要性程度越高，导师指导的质量越好；导师对博士生的指导频次、博士生与导师的学术讨论以及所参与的科研项目越多，那么博士生在学术科研能力的发展上就越好。此外，博士生对导师的学术修养和责任感的认知程度偏低，这两个因素与博士生的学术科研能力发展之间呈弱相关，而导师所从事的事务性工作与博士生的学术科研能力之间呈负相关，导师参与事务性工作越多，越会影响到博士生的培养质量（见表 7–6）。

表 7–6　导师指导和博士生学术科研能力间的相关分析

指标	学术科研能力	重要性程度	学术修养	责任感	事务性工作	学术讨论	参与科研项目	指导质量	指导频次
学术科研能力	1	0.426**	0.032	0.02	–0.038	0.176**	0.072**	0.066*	0.172**
重要性程度	0.426**	1	0.099**	0.143**	–0.147	0.204**	0.003	0.071**	0.16**
学术修养	0.032	0.099**	1	0.614**	0.654**	0.112**	0.439**	0.552**	0.082**
责任感	0.02	0.143**	0.614**	1	0.532**	0.148**	0.388**	0.461**	0.097**
事务性工作	–0.038	–0.147	0.654**	0.532**	1	0.141**	0.46**	0.452**	0.113**
学术讨论	0.176**	0.204**	0.112**	0.148**	0.141**	1	0.154**	0.111**	0.41**
参与科研项目	0.072**	0.003	0.439**	0.388**	0.46**	0.154**	1	0.442**	0.084**
指导质量	0.066*	0.071**	0.552**	0.461**	0.452**	0.111**	0.442**	1	0.09**
指导频次	0.172**	0.16**	0.082**	0.097**	0.113**	0.41**	0.084**	0.09**	1

注：* 在 0.05 水平（双侧）上显著相关。** 在 0.01 水平（双侧）上显著相关。

基于相关分析的基础上，还需要进一步探讨导师指导对博士生学术科研能力发展所产生的影响作用，究竟导师指导的哪些维度会对学术科研能力产生关键影响，对其进行从轻到重的排序，解释影响的比重。多元线性回归（Simultaneous Multiple

Regression）的分析方法旨在找出自变量的线性组合，简要说明一组预测变量与效标变量之间的关系，能够说明自变量间的线性组合与效标变量间关系的强度，解释变异量达到显著性水平，对其具有更大的预测力。[1]因此，进一步采用多元线性回归的方式，建立导师指导和学术科研能力发展的回归分析模型，探究具体的影响程度。

在回归方程构建中，将指导重要性程度、学术修养、责任感、事务性工作、学术讨论、参与科研项目、指导质量、指导频次作为自变量，将博士生学术科研能力作为因变量。主要采取进入法的方式，将所有自变量都纳入回归模型中，得出相应的分析数据。从结果来看，多元相关系数为 0.474，其联合解释变异量 R2 为 0.225，即表中 8 个自变量能联合预测博士生学术科研能力 22.5% 的变异量。其中，有 5 个自变量对因变量的影响程度较大，对学术科研能力发展的解释比重也较大。这些重要因素分别为重要性程度、学术讨论、参与科研项目、指导质量和指导频次，能够解释学术科研能力发展的比重占到绝大部分，其他因素的解释力度偏小。与相关分析的结果相比，出现比较一致的状况，导师指导的上述因素对于博士生学术科研能力的发展起到至关重要的作用，尤其是导师指导的重要性程度，博士生越重视导师的指导，越能从中获得更好的学术能力养成（见表 7–7）。

---

[1] 吴明隆. 问卷统计分析实务——SPSS 操作与应用［M］. 重庆：重庆大学出版社，2010：382.

表 7–7　导师指导与博士生学术科研能力间的回归分析

模型	非标准化系数		标准化系数	t	sig
	B	标准误差			
常量	2.174	0.285		7.628	0.000
重要性程度	0.384	0.029	0.382	13.145	0.000
学术修养	0.016	0.036	0.019	0.452	0.651
责任感	0.031	0.038	0.039	0.836	0.403
事务性工作	–0.060	0.032	–0.070	–1.844	0.065
学术讨论	0.060	0.022	0.083	2.721	0.007
参与科研项目	0.065	0.025	0.096	2.630	0.009
指导质量	0.063	0.021	0.080	2.949	0.003
指导频次	0.048	0.022	0.072	2.200	0.028

（五）博士教育中导师作用提升的政策建议

本研究通过实证调查的方式，利用问卷工具来对博士生培养中导师指导的重要性进行探究，也验证了导师指导所产生的重要作用。从上述数据分析可以看出，博士生在选择学校或博士点的时候，最为看重的是导师的学术声誉，并且在选择导师的标准上也注重学术影响力和学术声望。博士生在对导师指导的满意度上，认为导师指导的重要性毋庸置疑，在没有充分的指导下难以获得有效发展。从相关分析和回归分析中，导师指导的具体维度对博士生学术科研能力发展起到关键作用，指导重要性程度、学术讨论、科研项目、指导频次和质量对其都产生了较大的影响。同时，也存在一些问题与不足，比如与导师的会面频率在个体间存在的差异比较大，有些博士生难以保障有效的会面时间。博士生还对导师指导某些方面的满意度不高，比如责任感、学术指导等，导师过多地从事事务性工作，也会影响对博士生的指导质量。在这些研究发现基础上，可以有针对性地提出完善的建议与措施。

1. 导师与学生间的良性互动关系亟待形成

从博士教育的历史来看，博士生与导师的关系被认为是影响学术质量最重要的方面。导师是博士生在教育历程中至关重要的人物，其原因是在博士教育中，系科是主要的社会化机构，导师是学生和院系间的协调人，因此导师对学生的社会化、博士教育的质量以及未来的职业选择都具有重要的影响。但一些研究显示，师生关系是博士教育中最令人失望的部分，博士生认为他们没有获得足够的教师反馈，他们也没有足够多的机会与导师共同工作和思考，一些学生如同廉价的劳动力一样为导师的研究项目工作，他们期待导师花费更多的时间来指导学生的工作和学生的学术发展。[1]从本次调查来看，导师与学生之间的关系确实存在诸如责任感不强、师生关系不紧密等问题，需要采取措施进行改进以提升博士教育质量。

从此次的调查来看，大多数博士生认为导师的指导在博士生的培养中非常重要（M=5.91），导师的声誉不仅是博士生选择进入哪个博士项目的最重要标准（M=5.63），也直接决定着博士生未来的科研发展和创新水平。从调研中可以看出，导师

---

[1] Rodney T. Hartnett，Joseph Katz. The Education of Graduate Students［J］. The Journal of Higher Education，1977（48）：646-664.

的学术能力和水平、研究方向以及导师对学生认真指导的良好口碑是选择导师的重要指标。但很多被研究者认为，一些导师将过多的时间用在事务性工作中，或由于自身的学术素养有限，导致缺乏对学生的学术指导，相当一部分学生与导师会面的频率较低。当然，不同学校间，导师的使命感也不尽相同，例如在统计中发现，“985 工程”大学的导师对学生指导的频率较高。

2. 提升院系责任，明确师生的职责与义务

博士生与导师之间存在着一种特定的紧密关系，他们从老师和学生开始，最终可能成为学术创新的合作者和伙伴，因此建立一种富有成效且友好的伙伴关系，一方面有利于学生按时并高质量地完成博士学位，在大科学和协同创新的背景下，也是导师或科研团队从事高质量科研的人力保障。但很多时候，师生关系并没有那么完美，部分原因是很多导师对如何指导博士生缺乏经验和认识，难以有效地指导学生；而一些博士生对自己的学术使命和指导关系也存在认知不到位的情况，与导师的冲突时有发生。从组织的责任来看，大学或院系应努力制定一个获得内部接受的框架，明确每个阶段学生被期望完成的目标以及导师所应担负的责任，这是好的指导实践的核心要素。院系应该将框架的内容以书面形式通知学生和导师，这一框架应该包括与导师定期会晤、课程评估的方法、候选资格考试的时间和方式以及学生独立研究潜力的评价方式，它的目标是鼓励学生形成良好的学习习惯，训练学生建立个人时间表并确保对学生进步的评估是公平和客观的。

美国很多大学都提出了对导师行为的一些期待或指导性

意见。例如，美国研究生院委员会（CGS）编写了《通向好的指导实践》（*An Approach to Good Supervisory Practice*）的小册子，主要讨论师生责任以及建立良好的指导关系的建议。[1]例如导师应该为学生创设一个协作的、具有共同目标和行为的环境；在课程实施阶段，导师应该帮助学生克服在新环境中的不适感，培养他们思考问题和解决问题的能力，并发现自己有兴趣和有洞见的命题。在博士学位论文撰写阶段，导师在确定题目、开展研究和具体撰写中为学生提供帮助；在论文答辩中，导师应该对学生的成绩表达最真诚的喜悦；最后，鼓励导师与学生一起发表或出版科研成果。对学生而言，一旦选定了导师，就应该努力与导师建立起一种公开、信任、平等和相互沟通的契约关系，共同为完成学业而努力。本质上，在所有的指导活动中，导师和学生之间是一种非正式和自愿的关系，他们之间不存在清晰的、既定的义务，这种关系的存在依赖于个人的责任感和品质。因此，导师不仅具有教育责任，也需要道德功能，研究生院必须让学生和导师之间建立一种长期信任的关系，向学生传递道德标准和成功的关键。[2]

3. 创建科学模型来帮助学生选择合适的导师，提升师生满意度水平

由于指导关系在博士教育中的重要性，就需要一个工具来帮助学生找到合适的导师，以避免在日后的学习和合作中可能

---

[1] Council of Graduate Schools. An Approach to Good Supervisory Practice [M]. Washington.D.C.: CGS, 1990.

[2] Vivian Weil.Mentoring: Some Ethical Considerations [J].Science and Engineering Ethics, 2007 (7): 471–482.

产生的冲突，因为导致师生冲突的原因可能是因为学生理想的导师类型与实际的导师类型之间的错位所导致的。在美国，IMS（Ideal Mentor Scale）就是围绕着这一问题展开，主要用来测量学生个人对理想导师的偏好，帮助博士生找到高质量的导师。IMS 包括了 34 个项目，用来测量导师的三个主要品质：正直、指导和关系。

一些研究者认为，评估和测量学生对导师类型的偏好非常重要。首先，这种评估将提高学生对理想的指导关系的意识，确定个人的需要、期待和偏好是发现导师的第一步。其次，这一评估与对未来导师的品质的测量有关，便于博士生与导师之间的匹配，例如共同的学术兴趣和性格特征。再次，IMS 可以促进导师与学生间伙伴关系的形成。一旦配对关系形成，学生和导师可以进行积极的对话，共同决定未来的学习目标和学术期待。在这一指导关系中，个人的需要与导师的要求是通过面对面协商的方式来解决的。最后，利用 IMS 可以在院系或项目内部培养一种“指导文化”，提升对指导关系在博士生培养质量中作用的认识。尽管博士生对指导内容的偏好是不同的，但他们也有一些共同的特征。2003 年，爱荷华大学心理学系的罗斯（Gail L. Rose）教授做了一项研究，他选择了近 700 名研究型大学的博士候选人，让他们对“理想的导师”进行确切的定义。[1] 在得到的所有结论中，正直、指导和关系被认为是最重要的三个特征，正直的导师被认为是一

---

[1] Gail L. Rose. Enhancement of Mentor Selection Using the Ideal Mentor Scale［J］. Research in Higher Education，2003（44）：473–494.

个具有美德和原则，并作为榜样值得去仿效的人；指导项目包括咨询、资助、教学以及解决研究问题和制订工作计划等；在关系列表中，个性特征、世界观、社会活动、个人问题都包含其中。

在我国部分大学中，尽管存在着导师与学生的双向选择，在一定程度上提升了匹配度以及师生满意度，但大部分的选择仍然是双盲的，主要基于简历和短时间的接触。如何利用更为丰富的信息和科学的方法，建立师生间长期、可持续的学术合作关系，是值得进一步研究的议题。

三、博士生学术创新能力的影响因素研究

进入新世纪以来，创新发展日益成为世界各国所推崇的目标，强调创新型人才培养，建立创新的激励机制，推动创新技术的广泛应用，人类社会逐步进入了创新的世纪。我国在创新发展以及人才发展上提出了一系列政策，包括《关于大力推进大众创业万众创新若干政策措施的意见》《关于深化人才发展体制机制改革的意见》《国家中长期人才发展规划纲要（2010—2020 年）》，提出了创新机制的建立，发展创新型企业，激发大众的创新活力，其中创新型人才的培养至关重要。国家竞争力的提升离不开具有创新思维和科研能力的高素质人才，高等教育在高素质人才的培养与塑造中起到至关重要的作用，研究型大学越来越注重学生科研能力的培养，尤其在创新思维和素质上的养成。博士教育作为高等教育体

系中最高层次的学历教育，其秉持的高端技术、高素质人才培养主旨，注定了博士生会成为未来科研与技术创新发展的关键力量。在博士生的培养中，我国强调在理论基础、知识结构、学术视野以及科研方法的基础上，进行创新能力的全面提升。

国外的博士生培养，将博士生的创新能力作为衡量培养质量的重要指标，尤其注重通过博士学位论文来评价博士生的创新能力养成。在其中强调博士生问题意识、研究的原创性、提出新的观点与主张、对已有研究所作出的突出贡献等，这些都涉及创新想象力与创新性思维的培养。目前我国博士教育存在着若干问题，整体研究生教育的规模水平在不断扩张，仍然在追求数量与规模上的发展，对博士生的培养要求没有得到很大提高。主要呈现出“严进宽出”的特点，在课程学习、科研工作和论文写作等方面的要求不够严格，对科研能力发展差的博士生的淘汰率偏低。因此，由于培养体制与培养要求上的差别，造成博士生的培养规格下降，博士生创新能力的养成不足，呈现出的发展状况比较薄弱。据 2004 年对 34 所重点高校 84 位博士生导师的问卷调查，在所列 12 项“博士生的问题与不足”的表现中，认为“创新能力和创新意识不足”居于首位，占 26.2%。而在首届优秀博士学位论文的评选结果中发现，在 24 个省区市所选出的 559 篇博士学位论文中，“理论、方法上的创新”及“创新成果和效益”两项指标的评审结果得分在75分以下的比例分别为13.7%和14.5%[1]，充分反映出博士生科研创新能力培养上的不足。那么在博士生的培养体系中，目前博士生科研创新能力上存在哪些问题与不足？哪些重要因素会影响到博士生科研创新能力的养成？对其进行探究具有重要的理论与现实意义。

（一）博士生科研能力的基本情况

关于博士生科研能力方面的研究较多，大多数注重科研能力的含义以及内容构成，其中就涉及学术创新能力的探索，还有的研究从博士生培养体系出发，探究如何培养博士生的科研能力。

国内学者对科研能力的定义较多，边国英认为科研能力是个体产生创造性知识成果的能力；[2]李艳丽等将其定义为是个体在科研过程中所表现出的本领或技能；[3]王彩霞认为科研能力是个体完成科研活动所需要的身心条件，包括科研活动能力，还有一般能力。[4]在科研能力的构成上，巩亮等认为研究生的科研能力由产生设想、形成问题、实施实验、分析数据以及汇

[1] 董泽芳.博士生创新能力的提高与培养模式改革[J].高等教育研究，2009(5)：51-56.

[2] 边国英．科研过程、科研能力以及科研训练的特征分析［J］．教育学术月刊，2008（5）：22-25.

[3] 李艳丽，王俊，胡涛，等．构建以科研为导向的博士生选拔和激励机制——基于博士生科研绩效测度和影响因素的分析［J］.学位与研究生教育，2014（8）：43-46.

[4] 王彩霞.博士研究生科研能力评价指标体系及评价方法［D］.成都：西南交通大学经济管理学院，2006：11.

报结果等五个维度构成。[1]孟万金对研究生科研能力的结构进行探究，其中创新能力、逻辑推理能力、资料搜集与处理能力、问题解决能力、语言表达能力是最基本的要素。[2]可以看出，科研能力基本上包含科研过程中体现出的文献查阅、科研设计、数据处理、论文写作能力等，还包括逻辑推理、语言表达等一般能力，通过发表论文、学位论文、科研项目等指标来衡量。其中创新能力和逻辑推理能力最为关键，是科研能力的构成核心。

由此，研究者开展科研创新能力的研究，董泽芳对博士生的科研创新能力进行探讨，认为是在导师的指导下，充分利用、开发已有的知识、技能和内外条件，创造出具有价值的思想、观点、方法、理论、技术、工艺和产品等新颖成果的综合性能力。[3]王彩霞认为博士生的科研创新能力是通过对已知科学知识或理论内容进行创造性分析、解决新问题，从而获得新结论的能力，包含逻辑思维和非逻辑思维，如形象、想象、直觉、发散思维等。[4]孟万金认为创新能力是对未知世界的探究能力和发明新事物的能力，是科研能力的重要组成部分。[5]高锡荣等主张，研究生的创新能力主要体现在发现新问题、提出

---

[1] 巩亮，等 . 研究生科研能力的结构与评估［J］江苏高教，2015（4）：84-88.

[2] 孟万金 . 研究生科研能力结构要素的调查研究及启示［J］. 高等教育研究，2001（6）：58-62.

[3] 董泽芳 . 博士生创新能力的提高与培养模式改革［J］. 高等教育研究，2009（5）：51-56.

[4] 王彩霞 . 博士研究生科研能力评价指标体系及评价方法［D］. 成都：西南交通大学经济管理学院，2006：11.

[5] 孟万金 . 研究生科研能力结构要素的调查研究及启示［J］. 高等教育研究，2001（6）：58-62.

新思路、构建新理论、解决新问题等方面，这些能力又具体体现在研究生的科研能力上。[1] 蒋伟伟、钱玲飞认为学术创新是科研人员对已有知识资源的采纳、分析、整理再加工的过程，学术创新不仅体现在学术创新成果上，还体现在产生的活动和过程里面。[2] 朱旭东认为，创新通常的英译词有 creation 和 innovation。前者通常理解为创造，一般指全新的“无中生有”；后者通常理解为创新或改革（革新），强调在原有的基础上有新的突破和发展。大学的学术创新力主要体现在科研创新能力上，它以知识创新为首任。学术创新力的构成基础为三维六要素模型，三维指心理能力、知识能力和社会能力，六要素包括洞察想象能力、综合交叉能力、知识谱系能力、反思批判能力、学术自主能力和合作分享能力。[3] 美国心理学家佩特罗斯科对大量衡量创造潜力的方法作了比较研究，归纳出一些有效衡量创造力的准则：用不同方法和不同观点解决和探索问题的能力；把常规方法转用于新情况的能力；确定完成任务的顺序和循序完成它们的能力；想象力、思路新颖性和发明才能；善于发现新的用途和新的课题；善于应用已有的知识和以往的经验。[4]

在博士生科研创新能力培养的影响因素探究上，主要以科

---

❶ 高锡荣，等 . 研究生科研能力提升因素及作用机理分析［J］. 高校教育管理，2015（2）：114–118.

❷ 蒋伟伟，钱玲飞 . 基于创新过程的人文社会科学学术创新力测度研究［J］. 西南民族大学学报（人文社会科学版），2016（3）：227–236.

❸ 朱旭东 . 论大学教师学术创新力基础内涵［J］. 比较教育研究，2011（7）：1–6.

❹ 孟万金 . 研究生科研能力结构要素的调查研究及启示［J］. 高等教育研究，2001（6）：58–62.

研能力的影响因素研究为主。对研究生科研能力的影响因素分为三个层次，包括研究生个体因素、导师因素和环境因素。从个体因素来看，性别、年龄、本科毕业院校类别、入学前工作时间对科研能力没有显著影响，[1]个体的研究动机、创新自我效能感以及一般自我效能感影响科研能力。[2]非智力因素、个体认知水平及科研实践对科研能力的成长有较大作用。[3]巩亮等研究发现，研究生的主动性人格、严谨性人格、延迟满足对科研能力产生影响，而学生的性别、本科毕业院校类别等因素则没有显著影响。[4]季俊杰认为，研究生个体的素质因素、非智力因素、认知水平对科研能力产生显著影响，而智力因素产生的作用不显著。[5]沃波尔（Walpole）等对学生个体人格进行探究，认为主动性与严谨性等人格因素是影响研究生个体科研绩效的重要因素。[6]

从导师因素来看，朱红等研究发现，导师学术经验和导师

---

[1] 敖勇，林爱华．眼科学硕士研究生生源情况对培养质量的影响［J］．中华医学教育杂志，2006（4）：80-83.

[2] 季丽丽，范秀珍，程敏，等．护理硕士研究生科研能力的非智力影响因素分析［J］．中华护理杂志，2013（3）：238-241.

[3] 季俊杰．优秀研究生科研能力的影响因素与启示［J］．研究生教育研究，2013（2）：13-18.

[4] 巩亮，等．研究生科研能力影响因素实证研究［J］．学位与研究生教育，2014（12）：50-57.

[5] 季俊杰．优秀研究生科研能力的影响因素与启示［J］．研究生教育研究，2013（2）：13-18.

[6] WALPOLE M，BURTON N W，KANYI K，et al. Selectingsuccessful graduate students：in-depth interviews with GRE users［R］. Princeton：Educational Testing Service，2002.

指导量对研究生个体的创新能力产生显著的影响。[1]导师的学术指导和生活就业关怀、师生互动关系等对研究生个体的创新能力或科研产出有显著影响。古继宝等研究认为，学术地位高的导师能够更有效地指导学生，从而获得更多的科研成果。[2]张淑林等研究发现，导师给予学生的指导越多，学生的科研绩效也越高。[3]宋晓平等研究认为，导师与研究生之间积极的互动关系会影响学生获得科研能力和创新能力的感受。[4]高锡荣等通过调查研究发现，导师在指导过程中所给予的压力，会提升研究生科研能力紧迫感，从而对科研能力提升产生积极作用。[5]巩亮等研究发现，导师学术地位、师徒指导关系会对研究生科研能力产生影响。[6]季俊杰认为，导师培养对研究生科研能力形成产生显著作用。[7]

从环境因素来看，学术氛围对科研能力的成长有较大作用。加拉西（Galassi）等对心理学博士点进行研究，认为高学

---

[1] 朱红，李文利，左祖晶．我国研究生创新能力的现状及其影响机制［J］．高等教育研究，2011（2）：74–82.

[2] 古继宝，蔺玉，张淑林．顶尖博士生科研绩效的影响因素研究［J］．科学学研究，2009（11）：1692–1699.

[3] 张淑林，蔺玉，古继宝．提高博士生科研绩效的途径探析［J］．学位与研究生教育，2009（8）：52–55.

[4] 宋晓平，梅红．博士生培养过程中师生互动关系研究——基于博士研究生的视角［J］．中国高教研究，2012（8）：50–54.

[5] 高锡荣，等．研究生科研能力提升因素及作用机理分析［J］．高校教育管理，2015（2）：114–118.

[6] 巩亮，等．研究生科研能力影响因素实证研究［J］．学位与研究生教育，2014（12）：50–57.

[7] 季俊杰．优秀研究生科研能力的影响因素与启示［J］．研究生教育研究，2013（2）：13–18.

术产出的博士点和学术团队，对学生的论文发表及科研产出进行更多鼓励。❶董泽芳认为博士生创新能力的提升受到培养模式的影响，包括培养观念、培养目标、培养主体、培养对象、培养方式、培养评价。❷高锡荣等研究发现，导师压力、同学压力、政策激励和政策公平对研究生科研能力提升紧迫感具有显著的正向影响；而提升紧迫感、科研能力提升意愿和科研能力提升行为对科研能力提升具有显著的正向影响。❸季俊杰认为，科研实践和学术氛围对研究生科研能力产生较大的促进作用，而社会实践、课程设置产生的作用比较薄弱。❹

从已有研究来看，学者们从不同角度对科研能力进行了探究，存在着一些不足。首先，大多数研究主要针对研究生的科研能力进行研究，在研究对象上没有细分，只是笼统地对硕士和博士研究生进行分析，而针对博士生的实证研究较少；其次，现有研究大多是针对科研能力进行的，对科研能力的结构与影响因素以及对创新能力的研究较少；最后，在对研究生科研能力影响因素的探究上，学生个体层面的影响因素分析较多，且主要以回归分析为主，将所有可能的影响因素进行罗

---

❶ Galassi J P, Brooks L, Stoltz R F, et al. Researchtraining Environments and Student Productivity [J]. The Counseling Psychologist, 1986, 14 (1): 31-36.

❷ 董泽芳. 博士生创新能力的提高与培养模式改革[J]. 高等教育研究, 2009(5): 51-56.

❸ 高锡荣, 等. 研究生科研能力提升因素及作用机理分析 [J]. 高校教育管理, 2015 (2): 114-118.

❹ 季俊杰. 优秀研究生科研能力的影响因素与启示 [J]. 研究生教育研究, 2013 (2): 13-18.

列，对影响因素的结构以及内部关系研究不多。因此，本研究将在已有研究的基础上，关注点主要集中于博士生的科研创新力发展，对博士生的培养质量进行深入揭示。同时，试图构建博士生科研创新力的影响模型，将可能产生影响作用的个体因素、导师因素以及环境因素进行整合，利用结构方程模型（SEM）的分析方法，克服已有回归分析中存在的问题与不足。可以建基于一定的理论模型，结合实证数据的分析，通过检验影响因素与科研创新力之间的相关关系，对其影响效果以及路径机制进行验证与解释。

（二）博士教育创新理论模型的建立

在利用结构方程的分析方式时，首先依据已有的研究基础，建立初始模型，然后利用数据对该模型进行验证与修订。对博士生影响因素的探讨没有直接成型的理论，但可以借用学生发展模型，该模型的理论主要应用在对大学生发展进行探究，从广义上看博士生也属于接受高等教育者，可以将学生发展理论以此类推进行应用。学生发展模型中强调对学生发展进行全过程描述，学生在进入大学前，带有背景性特征，相当于输入性因素；学生在进入大学后，接受学校教育进程，称为过程性因素；在接受大学教育之后，获得了一系列的发展结果，称为结果性因素。这些不同层面的因素，对学生的长远发展产生影响，起到关键作用。

其中最有代表性的理论是佩斯（Robert Pace）的学生投入理论和奥斯汀（Alexander Astin）的投入与产出理论。佩斯在学生发展研究上走在前列，主要提出了努力质量的概念，是关于如何有效利用学校资源、学习机会，同时在活动上所付出的时间与精力，包括学业项目、课外学习以及个人努力因素。由此形成了学生投入模型，学生在学习中所投入的时间与努力，加上对学校设施、机会的利用，对学生的学习收获产生积极影响。即学生进入高等教育机构后，利用学校资源与学习机会越多，学习越努力，那么他们的学习与发展受益越多。❶奥斯汀对学习投入与学校环境关系进行了深入研究，由此提出了“输入—环境—输出”（I–E–O）模型，对学生的发展进程进行详细建构。他认为学生在进入大学之前带有个人背景以及受教育经验，在各项学校活动中投入了时间与精力，这些成为学生进入大学的输入因素；而在进入大学后，受制于整个学校外在环境的影响，构成了学生发展的环境因素；在接受了学校教育后，学生获得了各项发展结果，对于后续的人生发展产生了重要影响，这些就构成学生的输出因素。❷学生学习投入、学校环境以及学习结果之间构成了三角关系，学生只有积极参与到学校的各项活动中才能学得更好，学生的学习就是学生参与的整个过程。

上述理论模型涉及学生背景、校园环境、学习投入因素、博士生个人因素、导师因素和环境因素，都对发展结果

---

❶ Todd M. Davis，Patricia H. Murrell. A Structural Model of Perceived Academica，Personal and Vocational Gains Related to College Student Responsibility［J］. Research in Higher Education，Vol，34. No，3. 1993：267–289.

❷ Astin. A.W. What matters in college？Four Critical Years revisited［M］. San Francisco：Jossey–Bass.，1993.

产生部分影响，其中也存在比较相似的构成因素。因此在初始模型的建构中，综合考虑已有的研究基础，将博士生的发展过程分为输入、过程与结果三部分，对应自变量、中介变量及因变量。在变量的构成中，输入部分考虑博士生个人因素、学校环境、发展定位等因素；过程部分涉及博士生所参与的学业学习和学术探索活动，由于博士生与本科生存在的差异，博士生主要以科研探索以及导师指导为主，所以主要包括目标定位、具体培养模式、科研经费设施、导师指导等因素；结果部分考虑博士生科研创新能力的发展状况，包括创新力维度的掌握与发展程度。将可能影响博士生科研创新能力发展的因素分别列入上述变量中，对初始模型构成因素之间的关系进行建构，形成各因素之间的影响路径关系（见图 7–6）。

学生家庭背景与支持性校园环境对学习收获产生直接影响，同时通过学习过程因素对学习收获产生间接影响；学校资源利用与学业活动对学习收获产生直接影响，同时通过学生的社会交往与个人努力对学习收获产生间接影响；社会交往通过个人努力对学习收获产生间接影响，而社会交往与个人努力对学习收获产生直接影响。

1. 研究工具设计

在研究工具的设计中，按照博士生的培养过程与结果进行构建，其核心点在于科研创新能力的养成。根据已有研究，博士生科研能力是个体完成科研活动所具备的潜能，还有在科研过程中所体现出的能力，创新能力是其中重要的组成部

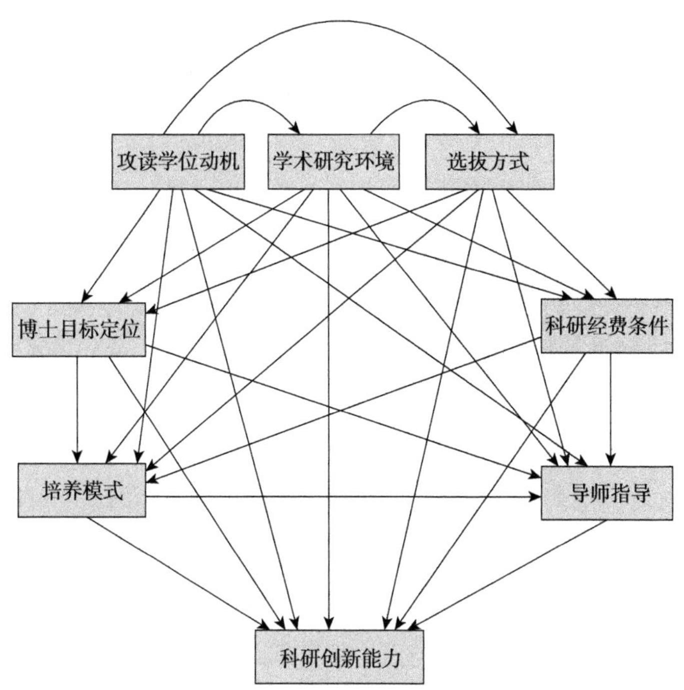

图 7–6　博士生科研创新能力影响因素的初始模型

分，是对未知世界的探究能力和发明新事物的能力。在已有理论与文献综述的基础上，本研究尝试将博士生科研创新能力进行细化，利用操作化指标来对科研创新能力进行测量，反映博士生在接受学术训练之后的发展情形。根据科研创新能力以创新知识为主要基础，涉及知识维度的指标有 1 个，即对专业知识的掌握和熟悉程度。科研创新能力主要依靠逻辑思维和非逻辑思维能力，分别进行详细构建。逻辑思维能力包括 4 个，即发现问题和提出问题、解决问题能力；批判性思考能力；逻辑判断与结论推理能力；科研成果应用与转换能力。非逻辑思维能力包括 2 个，即联想与发散思维能力、洞察想象能力。将知识基础、逻辑思维和非逻辑思维共同进行构建，一共包含 7 个测量指标。

问卷的主要内容除科研创新能力维度之外，还包括博士生的个人背景信息，攻读博士学位的动机，博士生的选拔方式，培养模式与过程，学术研究环境，导师对博士生的指导关系，博士生的经济资助。博士生背景信息包括性别、婚姻状况、就读高校、年级、学科、攻读方式等，按照博士生的实际状况进行题项与答案的设计。除背景信息之外，其他均为问卷的主体内容，也就是可能影响到科研创新能力形成的因素，攻读博士学位的动机包括博士生的内部动机和外部动机，博士生的选拔方式主要为选拔标准，培养模式与过程包含博士生的培养机制以及培养过程呈现的特点，学术研究环境是为博士生培养所构建的外在支持性环境与氛围，导师对博士生的指导关系包括导师的指导频率以及博士生对导师的满意度，博士生的经济资助主要为国家或学校对博士生的学费以及生活费方面的资助水平。调查问卷的主体部分主要采用李克特量表法，将填答方式分为 7 点，采用七重计分法，即从消极到积极分为 7 个等级，1 代表完全不同意，7 代表完全同意（见表 7–8）。

表 7–8　博士生科研创新能力不同维度状况

维度	平均值
对专业知识的掌握和熟悉程度	M1=5.81
发现问题和提出问题、解决问题	M2=5.25

维度	平均值
批判性思考	M3=5.00
逻辑判断与结论推理	M4 =4.61
科研成果应用与转换	M5 =5.24
联想与发散思维	M6 =4.33
洞察想象	M7 =4.57

2. 信效度分析

在对问卷调查数据进行初步整理后，由于是自编问卷，需要对其整体和分量表进行信效度分析。首先在对可能的影响因素和科研创新能力进行探索性因子分析，寻找测量指标间存在的共同因素，为后面的因果关系探究奠定基础。主要采用主成分分析方法，在考虑 KMO 测量系数的情况下，抽取各变量存在的共同因子。从分析结果来看，攻读博士学位的动机由 5 个指标构成，α 值为 0.722；对博士教育的目标定位由 3 个指标构成，α 值为 0.746；博士生的选拔方式由 4 个指标构成，α 值为 0.700；博士生培养模式由 5 个指标构成，α 值为 0.726；学术研究环境由 5 个指标构成，α 值为 0.772；导师对博士生的指导由 8 个指标构成，α 值为 0.887；博士生科研经费条件设施由 7 个指标构成，α 值为 0.775；博士生的科研创新能力由 8 个指标构成，α 值为 0.834。从内部一致性系数来看，绝大多数变量的 α 值都在 0.7 以上，导师指导和科研创新能力的 α 值在 0.8 以上，显示出问卷分变量的信度值较高，符合研究的要求（见表 7–9）。

表 7–9　博士生培养目标内部一致性系数

变量	内容	内部一致性系数（α）
目标定位	提升科研能力、创新思维、专业技能的定位	α =0.746
选拔方式	学术能力、科研潜力、研究经历、选拔标准	α =0.700
学术研究环境	学术研究氛围、功利化、发表论文等	α =0.772
科研经费条件	科研经费投入、生活费资助等	α =0.775
攻读学位动机	对学术研究、就业、高学历追求等动机	α =0.722
培养模式	团队合作、跨学科交流、参与科研项目等	α =0.726
导师指导	导师指导频率、学术指导、责任感等	α =0.887
科研创新能力	知识、逻辑与非逻辑维度的能力等	α =0.834

结合问卷调查数据，根据探索性因子分析的结合，由修订后的指标构成的问卷具有很高的信度与效度。一般认为，内部一致性（Cronbach's alpha）信度系数在 0.7 以上表示量表测量的是同一个事件，具有较高的信度。问卷的总体信度 α =0.805，可以看出问卷的信度较高。在对效度进行检验时，KMO 测量系数值越大，表明变量间的共同因素越多，越适合进行因素分析。问卷总体抽样适当性的 KMO 值为 0.864，大于 0.8 的标准，卡方值为 16747.064，自由度为 820，显著性水平为 0.00，小于 0.01 的标准，系数值符合标准要求，可以有效进行因素分析。

3. 模型拟合情况

将原始数据输入到初始模型中，利用 AMOS20.0 软件对数据与初始模型进行拟合及调整，反映该模型的识别度与拟合度。首先应审查初始模型是否被识别，理想的状况是过度识别模型，才能进行模型拟合度的检验。主要采用 t 法则（t–rule）对模型进行识别，以模型的自由度来进行判断。从初始模型的分析结果来看，自由度等于模型数据点减去估计参数数目，36–35=1，自由度为正数，表示该模型为过度识别模型，可以继续分析模型的拟合度状况。其次应审查模型是否存在违反估计的情况，结果显示不存在负的残差方差，标准化系数中也没有超过或者接近 1 的值，也不存在太大的变量标准差值。最后审视初始模型与数据的匹配状况，χ^2 检验结果为 1.907，卡方值比较小，P 值为 0.167>0.05，没有呈现出显著性，可以接受初始模型。其他的适配度检验指标分别为，RMSEA=0.025 < 0.05，GFI=1.000>0.90，AGFI=0.988>0.90，NFI、IFI、CFI 值都为 0.999>0.90，最后一项 PGFI=0.028<0.50，该指标不符合标准，表示该模型的结构不够简洁（见表 7–10）。

表 7–10　模型拟合度指标

指标	χ^2	P	RMSEA	GFI	AGFI	NFI	IFI	CFI	PGFI
标准	越小越好	>0.05	<0.05 更好 <0.08 好	>0.90	>0.90	>0.90	>0.90	>0.90	<0.50
模型	1.907	0.167	0.025	1.000	0.988	0.999	0.999	0.999	0.028

（三）博士生科研创新能力的模型分析

在考虑模型拟合度的条件下，对初始模型的估计值进行计算，显示出模型的运算结果。在对研究结果进行分析时，主要包含两部分的结果，一部分是标准化估计量模型图，显示各变量之间的标准化回归系数，揭示变量之间关系的显著性水平；另一部分是针对模型的结果输出报表，主要观察变量间的直接效果与间接效果值，进一步对效果值进行汇总与计算，分析各影响因素对于科研创新能力的影响比重。

1. 路径系数及其显著性

从初始模型的运行结果来看，具体考察标准化估计量模型图，包括不同变量之间的路径系数和显著性水平，还有过程与结果变量的多元相关系数平方值以及残差项（e1 到 e5）。路径系数包括输入变量——攻读学位动机、学术研究环境、选拔方式之间的相关系数，还有上述三个输入变量与过程变量——目标定位、科研经费条件、培养模式、导师指导和结果变量——科研创新能力之间的标准化回归系数。7 个影响因素变量对科研创新能力的系数值都为正数，可以表示产生了积极的影响作用，目标定位与科研创新能力之间的系数值最大，为 0.41。此外，多元相关系数平方值显示变量受影响的程度，重点观察科研创新能力变量旁边的数值。从输出结果来看，具体为 0.284，表示该模型中 7 个影响因素可以解释科研创新能力的比例为 28.4%，是较为理想的数值。残差项 e1 到 e5 在模型中无法进行预测或解释（见图 7–7）。

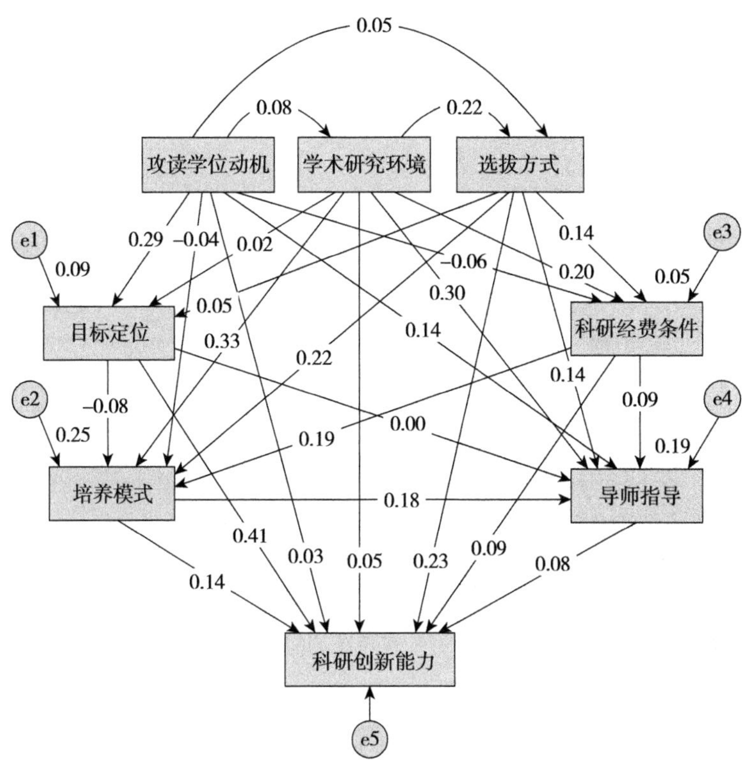

图 7-7　博士生培养标准化估计量模型

除了观察具体的标准化回归系数值之外，还要考察变量之间的显著性水平，主要观察 7 个影响因素变量与科研创新能力之间的 P 值，其中学术研究环境与科研创新能力之间的 P 值大于 0.05，不呈现显著性水平，其余攻读学位动机、选拔方式、目标定位、科研经费条件、培养模式、导师指导与科研创新能力之间的 P 值都小于 0.001，达到了极其显著的水平。其余各影响因素变量之间，尤其是输入变量和过程变量之间的 P 值，大多数都达到了显著性水平，表示各变量之间产生着密切联系，需要更深入地揭示变量之间的影响程度（见表 7–11）。

表 7–11　博士生培养各变量之间的标准化回归系数与显著性水平

因素	攻读学位动机	学术研究环境	选拔方式	目标定位	科研经费条件	培养模式	导师指导	科研创新能力
攻读学位动机	—	0.080**	0.050	0.291***	–0.060*	–0.039	0.136***	0.030***
学术研究环境	0.080**	—	0.220***	0.021	0.201***	0.331***	0.301***	0.047
选拔方式	0.050	0.220***	—	0.052*	0.140***	0.217***	0.137***	0.229***
目标定位	0.291***	0.021	0.052*	—	—	–0.079***	0.000	0.407***
科研经费条件	–0.060*	0.201***	0.140***	—	—	0.192***	0.089***	0.090***
培养模式	–0.039	0.331***	0.217***	–0.079***	0.192***	—	0.176***	0.137***
导师指导	0.136***	0.301***	0.137***	0.000	0.089***	0.176***	—	0.084***
科研创新能力	0.030***	0.047	0.229***	0.407***	0.090***	0.137***	0.084***	—

注：***$p<0.001$；**$p<0.01$；*$p<0.05$

2. 对科研创新能力的影响分析

在对模型运行后的结果输出报表的分析中，主要考察各变量之间的标准化直接效果与间接效果，可以对这些效果数值进行汇总和计算，能够得出各影响因素对科研创新能力的影响比重。输入变量包括攻读学位动机、学术研究环境和选拔方式，过程变量包括目标定位、科研经费条件、培养模式和导师指导，从表 7–12 中可以看到各变量对于科研创新能力的影响效果数值。各变量的直接效果值分别为 0.03、0.047、

0.229、0.407、0.09、0.137、0.084，而间接效果值分别为0.11、0.009、0.07、0.01、0.015、0.023，培养模式只起到直接的影响作用。将各变量的直接与间接效果值进行加总，得到总效果值为0.14、0.056、0.299、0.417、0.105、0.137、0.107。将各变量的总效果值求和为1.261，然后计算各变量所占到的百分比重。

表 7–12　博士生培养各变量对科研创新能力的影响

<table>
<tr><th>特征</th><th>因素</th><th>间接影响</th><th>直接影响</th><th>总的影响</th><th>百分比（%）</th><th>百分比（%）</th></tr>
<tr><td rowspan="4">内生因素</td><td>目标定位</td><td>0.01</td><td>0.407</td><td>0.417</td><td>33.07</td><td rowspan="4">60.75</td></tr>
<tr><td>科研经费条件</td><td>0.015</td><td>0.09</td><td>0.105</td><td>8.33</td></tr>
<tr><td>培养模式</td><td>—</td><td>0.137</td><td>0.137</td><td>10.86</td></tr>
<tr><td>导师指导</td><td>0.023</td><td>0.084</td><td>0.107</td><td>8.49</td></tr>
<tr><td rowspan="3">外生因素</td><td>选拔方式</td><td>0.07</td><td>0.229</td><td>0.299</td><td>23.71</td><td rowspan="3">39.25</td></tr>
<tr><td>学术研究环境</td><td>0.009</td><td>0.047</td><td>0.056</td><td>4.44</td></tr>
<tr><td>攻读学位动机</td><td>0.11</td><td>0.03</td><td>0.14</td><td>11.1</td></tr>
</table>

从具体的百分比来看，第一，从总体的影响比重上，输入变量与过程变量对科研创新能力的影响比重分别为60.75%和39.25%。两大类变量对科研创新能力的塑造产生了积极影响，但主要是过程变量所占的比重较大。第二，从单个变量

的影响比重上，7 个变量对科研创新能力产生了积极作用，按照具体的影响比例来看，依次为目标定位（33.07%）、选拔方式（23.71%）、攻读学位动机（11.1%）、培养模式（10.86%）、导师指导（8.49%）、科研经费条件（8.33%）、学术研究环境（4.44%）。从分析结果可以看出，博士生培养目标定位和选拔方式产生的影响比例较大，接着为攻读学位动机、培养模式、导师指导和科研经费条件，而外在学术研究环境的影响比重较小（见表 7–12）。

（四）加强博士生创新能力的政策建议

在上面的数据分析中，主要采用结构方程的路径分析方法，将可能的影响因素和科研创新能力结合起来，试图构建博士生科研创新能力的影响路径模型。借鉴利用输入—过程—结果模式，将可能的影响因素分为输入变量和过程变量，博士生选拔方式、外在研究环境和攻读学位动机作为输入变量，针对博士生培养的过程变量包括目标定位、经费资助、导师指导和培养模式，而科研创新能力则作为博士生培养的结果变量。根据模型分析，可以得出以下有利的结论：第一，从博士生科研创新能力的养成来看，过程变量所产生的影响作用大于输入变量，即博士生培养过程中所构成的因素更有助于培养科研创新能力，包括目标定位、科研经费条件、导师指导等；第二，从单个变量来看，对博士生的培养目标定位和博士生的选拔方式，对科研创新能力的培养所产生的影响较大，两个因素加起来占到一半以上的比重，而外在学术研究环境的影响比重较小；第三，博士生个人和外在因素对于科研创新能力的养成产生一定的影响，除了直接产生影响作用之外，还通过以培养过程因素为代表的中介变量产生影响作用。

在分析研究结果的基础上，揭示博士生科研创新能力的影响因素，进一步提出建设性的意见，有助于改进博士生的培养质量。第一，在博士生选拔时应加强学术研究能力与创新潜能的考查。在模型分析中，博士生的选拔方式对科研创新能力养成产生了较大的影响比重，选拔方式的指标主要包括注重学术研究能力、科研潜力、研究经历与成果等。注重对博士生该类维度的考查，可以对学生进行更好的筛选，将更适合于培养科研能力发展的学生挑选出来。因此，为了更好地培养博士生的科研创新能力，需要加强博士生入学的挑选标准建设，尤其是注重对科研能力与创新发展潜能的考查，争取在入学流程中将可能的“好苗子”筛选出来。还要加强挑选程序的建设，保证程序的公正性和合理性，多采用能够评估博士生创新潜能的考查方法，强调多种不同方法的组合，尤其是对思维能力、逻辑能力等方面的筛选方法。

第二，树立以创新能力为主的培养目标，完善现有博士生培养模式。除了在博士生招生时进行科学有效筛选之外，在合格的博士候选人进入博士教育体系后，需要强化博士生的培养目标，以有利的培养目标来引导人才的塑造与养成。从模型探究可以看出，博士教育的目标定位对科研创新能力产生了较大的影响作用，占到近 1/3 的比重。具体的目标维度包括科研能力、创新思维、专业技能等，从全方位角度对博士生培养产生有利的引导。因此，在未来的发展建议上，需要更加关注科研创新能力子维度的构成，包括逻辑维度和非逻辑维度，尤其是非逻辑能力的训练，包括发散思维、社会想象力、事物联想等。在完善培养模式中，强化该类型维度的建构，将其转化为可操作、可测量的指标，对博士教育质量进行有效评价，突出结果导向。

第三，强化博士生的个人动机，创建有利的科研条件与平台。从已有的研究来看，研究生科研能力等方面的养成与学生个体因素有着密切联系，包括研究生个人素质、主动性人格、延迟满足等因素，在一定程度上大于培养因素所产生的作用。从模型中可以看出，博士生攻读学位的动机也产生相当比例的影响作用，包括对学术研究、就业倾向、高学历追求的动机，相比导师指导、经费资助等培养因素产生更大的作用。因此，在促进博士生的科研创新能力培养上，一方面在博士生的选拔上，需要强化个人因素的筛选，对候选人的心理动机与人格因素进行有效测量，以保证能挑选到合适的人选；另一方面在培养过程中，需要强化博士生的个人动机，包括自我挑战、突破常规、对原创研究的坚持、创新意义的建构等。此外，为了更好地调动博士生个体所发挥的作用，需要创造各种有利的平台，包括建设完备的科研设施，提供足够的经费资助和有利的科研条件，这些有助于调动博士生从事科研创新研究的动力，养成科研创新能力。

四、科教结合的博士生培养模式实证研究

（一）博士生的培养过程和模式

博士生培养模式是博士生培养的关键环节，由于不同国家的教育传统不同，博士生的培养方式也不尽相同，例如在美国等国家，博士生的身份为“学生”，而在欧洲一些国家，博士生的身份则是“研究者”，身份定位直接影响博士生的培养方式。在这一题项中，通过 STATA12.0 剔除缺失信息后，共获得观测个数 1380 个。通过问及“博士生的培养过程和模式”的相关内容可知，绝大多数人非常认同“博士生跨学科交流对创新非常重要”“博士生应该强调对研究方法的训练”“参与科研项目对博士生研究能力的训练最重要”；也有很大一部分认为当前的“博士生培养缺乏有效的跨学科合作机制”“博士生缺乏国内外的学术交流平台”。此外，多数人认为博士生应该发表论文，并且博士生应该注重合作（见表 7–13）。

表 7–13　博士生的培养过程和模式维度数理统计

博士生的培养过程和模式	观测个数	平均值	方差	最小值	最大值
博士生培养缺乏团队合作	1380	4.667391	2.565868	1	7
博士生更应该独立工作而非合作	1380	3.467391	2.852453	1	7

续表

博士生的培养过程和模式	观测个数	平均值	方差	最小值	最大值
博士生跨学科交流对创新非常重要	1380	5.637681	1.566962	1	7
博士生培养缺乏有效的跨学科合作机制	1380	5.38913	1.763624	1	7
博士生缺乏国内外的学术交流平台	1380	5.112319	2.008405	1	7
博士生应该强调对研究方法的训练	1380	5.473913	1.656317	1	7
课程学习对博士生训练很重要	1380	4.241304	2.457321	1	7
参与科研项目对博士生研究能力的训练最重要	1380	5.442029	1.797217	1	7
“我”有机会或能够获得资助参与国际学术交流	1380	4.713043	2.64711	1	7
“我”认为博士生应该发表高水平的学术论文（SCI/SSCI 等）	1380	4.900725	2.642059	1	7
“我”认为博士生不一定发表论文	1380	3.889855	3.41498	1	7
博士培养过程缺乏淘汰和激励机制	1380	4.836232	2.332841	1	7

依据前面的分析结果，受访者均认同跨学科的合作在博士生培养中非常重要，在将有关维度专门列出后进行了进一步分析，可以看出，很多受访者认为在跨学科合作和研究方面，目前的博士生培养并没有很好地关注和实践。此外，博

士生的团队合作很重要，而这也是目前博士生培养中较为薄弱的一环（见图 7–8）。

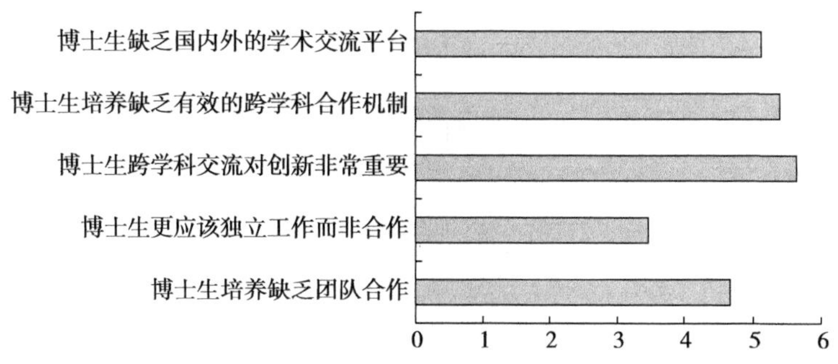

图 7–8　博士生跨学科合作维度的数据分析

1. 不同学科对博士生培养模式认同上的差异

博士生培养方式在不同学科间具有较大差异，这与学科特点有关。在对理学、工学、文学、教育学、管理学和法学专业在这一题项中的均值统计中发现，学科间的差异确实存在。理学和工学专业的候选人认为“参与科研项目对博士生研究能力训练最重要”，同时也同意“博士生应该发表高水平的学术论文”，而社会人文学科领域，例如文学、教育学和管理学领域的候选人则赞同“博士生应该强调研究方法的训练”“课程以及学习对博士生训练很重要”“博士生不一定发表论文”，在这三个维度上，理工学科与社会人文学科的分歧最为明显，这显然与各自的学科特点有着重要的关系（见图 7–9）。

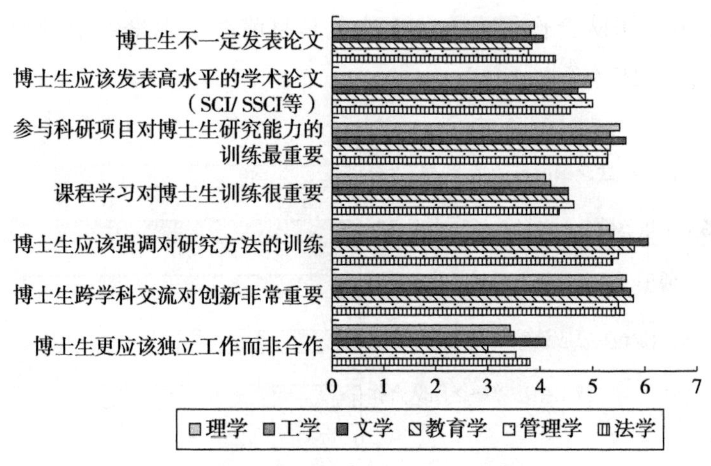

图 7–9　博士生培养不同学科对题项的认同度

2. 候选人所在高校类型对培养模式的认同

候选人所在高校类型不同，对培养模式的认同也存在差异。调查发现，“985 工程”大学学生与“211 工程”大学学生在这一题项中的最大分歧来自对“博士生是否要发表高水平论文”维度上，前者明显更倾向于要发表论文，而后者则不这么认同；另一个较有分歧的观点是对待“课程学习在博士生训练”中的作用以及“研究方法的训练”上，前者认为课程学习没有那么重要，而后者则认为课程学习很重要。

这一分歧与学校自身的定位有关，入选“985 工程”的大学一般为研究型大学，非常强调对博士生的研究训练并重视学生的研究水平。而“211 工程”大学对博士生的“研究”使命的认同并不强烈。

（二）对目前学术环境的满意度分析

学术环境被认为是当前博士生培养中的重要制约瓶颈之一。通过STATA12.0筛除缺失信息后，共获得观测个数1425个。从统计结果来看，大部分博士生赞同“博士生发表论文的压力远大于研究本身带来的压力”，值得关注的是，这一回答与前面所分析的“博士生应该发表高水平的学术论文”的高度认同放在一起观察，虽然博士生有论文发表压力，但是依旧觉得论文是科研的重要形式，这是值得研究的现象。其次分别为“学术功利性影响了学术创新”以及“社会用人制度影响了博士生从事科研创新的积极性”（见表7–14，图7–10）。

表7–14　学术环境维度的数理统计

学术环境	观测个数	平均值	方差	最小值	最大值
我国良好的学术环境有利于博士生的训练和培养	1425	3.451228	3.013245	1	7
很多博士生根本缺乏学术热情	1425	4.906667	2.414738	1	7
学术不端行为影响了博士生的培养质量	1425	5.087018	2.139895	1	7
学术功利性影响了学术创新	1425	5.517895	1.92822	1	7
被异化的“人才观”和社会用人制度影响了博士生从事科研创新的积极性	1425	5.504561	1.81476	1	7
博士生发表论文的压力远大于研究本身带来的压力	1425	5.577544	2.214664	1	7

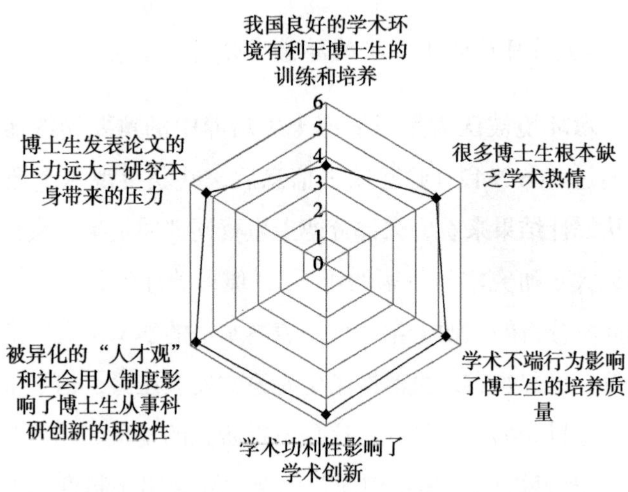

图 7–10　博士生对学术环境相关选项的信息分析

与前面形成较大反差的是，仅有 27.9% 的人认为（选择"5""6""7"分值）"我国良好的学术环境有利于博士生的训练和培养"，也就是说，大多数博士生普遍反映当前我国的学术环境不理想。表 7–14 对选择 1~7 分的频次进行了百分比统计，选择"3"分的比例最高，为 18.3%，选择"7"分的比例最低，为 5.7%。

针对"博士生发表学术论文的压力远大于研究本身带来的压力"这一题项，本研究还通过分组的方式进行了分析，主要包括高校类型以及国际交流经历在这一题项中的认同差异。

1. 不同高校类型对这一问题的认识

将"985 工程"大学和"211 工程"大学的博士生分别进行统计后发现，两个群体对这一题项的认同存在差异。"985

续表

工程”大学的学生在“发表论文的压力”维度上的均值小于“211 工程”大学的博士生，这意味着前者在这方面感受的压力要小一些。但是，前者对社会用人制度和学术不端行为等其他维度的容忍度显然要低于后者（见图 7-11）。

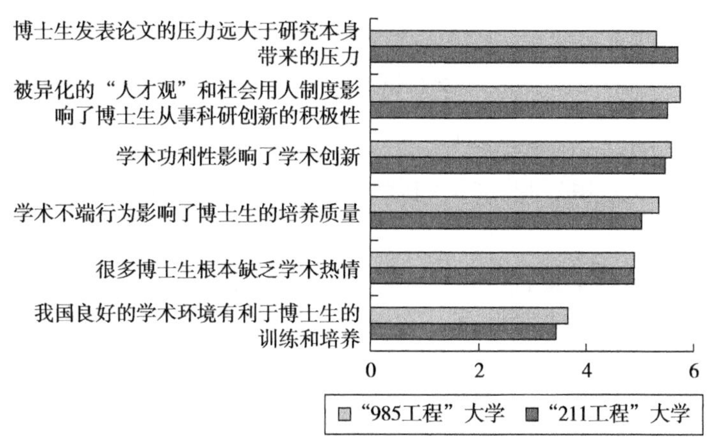

图 7-11　博士生对学术环境的认同

2. 国际交流经历与学术环境的认同

在这一组中，围绕“博士生发表学术论文的压力远大于研究本身带来的压力”这一问题，两个群体间的认同度有了较为明显的差异（见图 7-12）。有国际交流经历的博士生感受到的压力要小于尚无国际交流经历的群体，这与博士生所在学校类型有很大关系，大部分有国际交流经历的博士后均来自“985 工程”大学，这一结果与前面的分析结果吻合。此外，有国际交流经历的人对“社会用人制度”和“学术不端行为”的容忍度更低，这或许与他们在国内外的主观感受有关系。

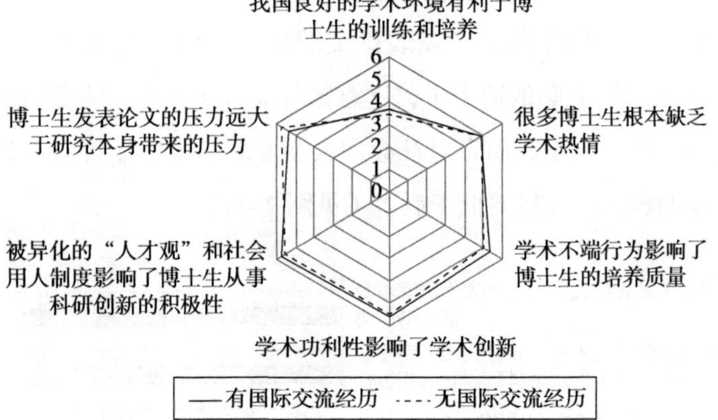

图 7-12　博士生国际交流经历与学术环境认同

（三）博士生的规模与质量

规模与质量间的对立关系在博士教育中是一个永恒的话题。从统计数据可以看出，在问及“博士生的规模与质量”相关问题时，题项 5 和 3 得分情况明显高于其他题项。大多数认同“博士学位”成为很多人沽名钓誉的工具、培养目标不明确使得博士生群体的质量参差不齐。然而，对于“导师或机构科研水平”“在职读博人数”“博士生本身规模过大导致质量不高”等问题，多数回答倾向于保持“中立”的态度。这一价值倾向尤其体现在题项 2 上，从“完全不同意”到“完全同意”，回答情况所占比例差别不大，主要集中在“不确定”上。从这一题的分析来看，质量与规模间并不一定是对立关系，核心问题依然是培养目标是否明确，因此应使博士教育真正回归到正确的定位上来（见表 7-15，图 7-13）。

表 7–15　博士生的规模与质量维度的数理统计

博士生的规模与质量	观测个数	平均值	方差	最小值	最大值
博士生人数太多，导致了质量不高	1424	4.519663	3.087456	1	7
“规模”与“质量”间并没有必然的联系	1424	4.173455	3.426674	1	7
博士培养目标不明确使得博士生群体的质量参差不齐	1424	5.136236	1.970183	1	7
过多的在职博士生影响了博士教育质量	1424	4.550562	2.925059	1	7
“博士学位”成为很多人沽名钓誉的工具	1424	5.339185	2.169482	1	7
博士生指导教师或机构的科研水平低	1424	4.568118	2.35516	1	7

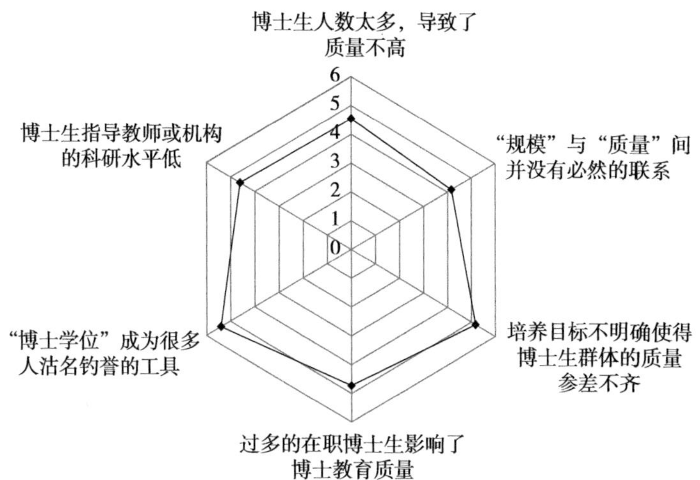

图 7–13　博士生质量与规模间的关系

此外，全职和在职博士生对规模与质量间关系的认同也存在一些差异。可以看出，全职博士生在“博士学位成为很多人沽名钓誉的工具”以及“博士培养目标不明确”上的认同度更高。尽管全职博士生认为过多的在职博士生可能影响了博士教育质量，这显然未能获得在职博士生的认同。在职博士生对规模与质量间的对立关系感受较弱，这可能基于自身的利益考虑，他们并不愿意在这一问题上表达更清晰的态度（见图 7–14）。

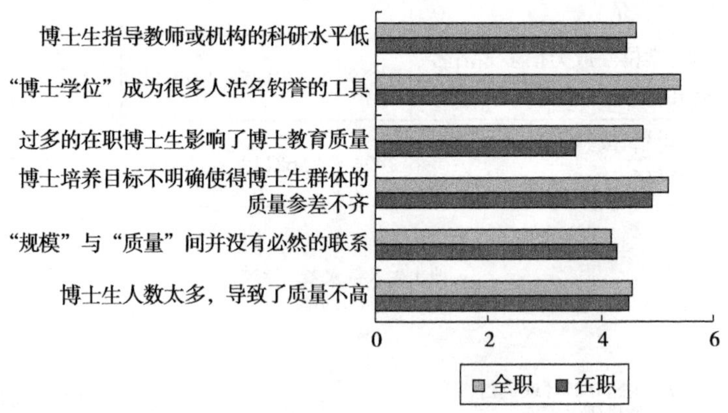

图 7–14　博士攻读方式对质量与规模间关系的认同

（四）博士生的资助问题和科研条件

从对前述问题的统计分析发现，博士生的资助制度仍然是博士教育中的关键问题。在这一题项中，我们共获得有效观测值 1407 个。在对“博士生的资助问题”子维度的调查中，绝大多数博士生普遍认为“国家对博士教育的投入水平远远滞后于社会、经济的发展”；大多数认同当前的“博士资助水平低”。这也决定了在题项5的回答上普遍反对“经济状况对博士生的学习和科研影响不大”的说法。综合观之，“博士生的资助问题”已对博士生的学习、科研和生活产生了非常重要的影响（见表7–16）。

表7–16　博士生资助水平的数理统计

资助水平	观测个数	平均值	方差	最小值	最大值
国家对博士教育的投入水平远远滞后于社会、经济的发展	1407	5.606965	2.139155	1	7
国家对博士生的资助水平可以满足其日常生活和研究需要	1407	3.55295	3.00839	1	7
资助水平低，博士生难以潜心于学术研究	1407	5.03909	2.932326	1	7
资助水平过低，博士生难以体面并有尊严地生活	1407	4.855011	3.212249	1	7
经济状况对博士生的学习和科研影响不大	1407	2.928927	3.122968	1	7

当然，不同群体博士生可能对经济资助的态度，诸如数额以及重要行动认识存在差异。调查反映了全职和在职博士生对这一问题的看法。总体来看，全职博士生较之于在职博士生，更认同资助过低，使得他们“难以体面并有尊严地生活”和“难以潜心于学术研究”（见图7–15）。

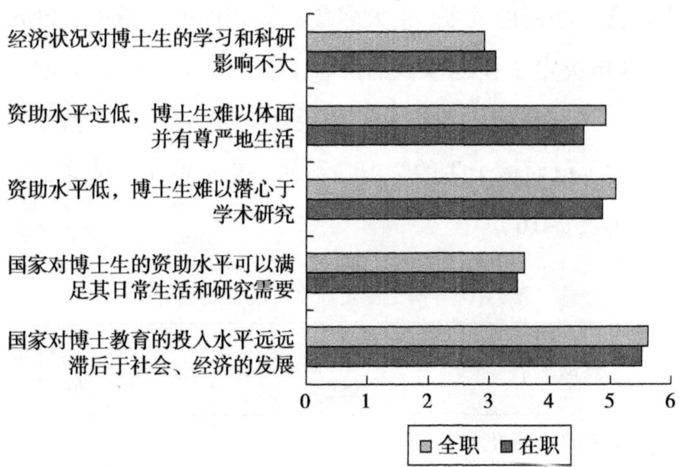

图 7–15　博士生对经济资助的态度

1．博士生的资助来源

博士生的资助来源在一定程度上反映了国家对博士教育的重视程度。通过对博士生“资助来源”情况的调查可知，“国家每月的定额资助”是大多数博士生的首要经济来源，做出这一回答的被试占 81.64%；其次是“助教 / 助研”，占 49.48%；第三则是“父母资助”，其比例占 42.51%。来自“兼职工作”“亲属资助”和“贷款”的比例都不是很大（见表 7–17）。

此外，在这一题项中，不同属性或群体间的差异并没有太大的差异，这一统计结果反映了目前我国博士生资助的普遍状态。

表 7–17　博士生资助来源比例信息

资助来源	频数	所占比例（%）
主要来自国家每月的定额资助	1183	81.64
主要来自助教 / 助研	717	49.48
主要来自贷款	107	7.38
主要来自兼职工作	463	31.95
主要来自父母资助	616	42.51
主要来自配偶或兄弟姐妹等亲属资助	279	19.25

2．博士生的科研条件

在这一题项中，共获得 1387 个有效观测值。通过对“博士生的科研条件”的调查，可以初步看出，当前各类高校的博士生对参与导师的科研项目、学校的科研设施及图书馆条件等都持基本满意态度，这也说明博士教育的硬件设施在近年来取得了较大改善，已不再是博士教育中的关键问题（见表 7–18）。

表 7–18　博士生的科研条件维度分析

科研条件	观测个数	平均值	方差	最小值	最大值
导师的科研项目和经费充足，经常参与其课题研究	1387	4.661139	3.023619	1	7
学校的科研设施和图书馆条件可以满足科研的需求	1387	4.625811	2.654254	1	7
导师的科研项目和经费很少，几乎没有参与课题研究的机会	1387	3.13987	3.129051	1	7
学校的科研设施条件落后，不能满足科研需要	1387	3.286541	3.185032	1	7

五、构建中国特色的协同创新人才培养制度

一些发达国家和地区的经济和科技的世界领先地位受益于其世界一流的研究型大学和国际领先的若干学科和研究领域，高等教育的变革不仅是回应全球化所带来的对卓越的追求和竞争，也是更快速和精准地回应社会和经济发展的需求。从以色列、澳大利亚、新加坡和美国的经验来看，许多科教结合协同发展的政策值得借鉴。从发达国家的经验来看，以高水平科学研究支撑高质量高等教育是建设高等教育强国的重要经验。高等教育作为科技第一生产力和人才第一资源的结合点，通过培养拔尖创新人才和实施前沿基础研究的协同效应，在国家知识创新中发挥着基础性、源头性作用。要加强科教结合推进高等教育的理论思考，提升理论认识，加强对协同创新重要性的认知。具体来说包括以下几个方面。

第一，将科教结合的高校创新体系作为中国高等教育“双一流”发展的必要路径。当前，我国正处于进一步提升国际竞争力、加快转变经济增长方式、从科技大国向科技强国迈进的关键时期，要形成科技自身高水平持续积累的长效机制，既需要战略性和前瞻性的科学研究，更需要具有创新性的高水平拔尖人才。促进教育与科技、教育与经济、教育与社会发展的深度融合，提升国家的自主创新能力，是当前我国高等教育领域，乃至整个社会经济发展领域亟待解决的问题。

尽管当前我国的自主创新能力在稳步提升，但仍然面临着

一些关键问题：一是科研的战略性和前瞻性不足，发现和提出世界范围内的战略性前沿选题尚少，原始性、突破性的创新成果还较少，行业、企业技术前沿性创新成果缺乏；二是科技与经济结合、科技与教育结合的问题没有得到真正解决，科研成果的闲置与企业难以获得关键核心技术的现象并存，严重影响了我国的经济增长后劲；三是科学研究与人才培养没有形成良性互动的局面，以高水平科学研究支撑高质量高等教育以及高校以高质量的人才支持高水平科研发展亟待加强。这些问题已经成为制约我国提升国际竞争力的瓶颈。因此，完善科学研究与人才培养的互动机制，提升高校协同创新能力，不仅是实现高校职能的客观需要，也是高校体制机制创新的重要一环，更是提升国家知识创新能力的重要途径。

第二，充分认识科教结合是世界高等教育发展的必然趋势。科研与教学和学习的结合是近代高等教育的一个基本特征，研究与教学的关系是现代高等教育当中最为重要的一对关系，学术研究使科学与高等教育联姻，给高校带来了声誉。伯顿·克拉克在其主编的《研究生教育的科研基础》一书中，对法国、德国、日本、美国、英国等国家的科学研究与研究生教育的关系进行了跨国比较研究，他指出，美国高等教育成功的一个关键要素是将研究生教育和科学研究结合起来。在他看来，研究本身就是一种重要的教学方式，同时也是一种重要的学习手段，应该通过让学生参与科研来训练他们从事科研的能力。教授的作用在于把科研和教学结合起来。研究、教学和学习三个环节是联系在一起的，因而克拉克提出的“科研—教学—学习联结”（Research-Teaching-Study Nexus）的概念，把三者合拢起来成为促进知识生产的一个无缝网络。特别是在当前，人类进入知识经济时代，研究的概念应有更广泛的含义，它不仅在大学的研究生教育阶段，也应逐步进入大学本科及其他层次，从学校的实际出发，开展不同层次的研究，并将研究带入教学之中，研究作为一种教学内容和方法，使科研和教育紧密地结合。

第三，将科教结合作为高等教育一种有效的教学和学习方式。科教结合是一种教学手段，更是一种学习方式。目前，已经有大量研究证明，科学参与能够提高高等教育人才培养的质量和效率，尤其在以研究为其合法性基础的研究生教育阶段。研究生教育，尤其是博士教育的重要性沿着两条线路展开：首先，博士教育培养了大量实施创新的主体，即高质量的研究人员和学者，他们是与国家利益相关的重要研究项目的积极参与者；其次，博士生的科研活动能够促进科学的创新，或者说博士生的研究过程本身就是一个知识创新的过程。毕业后，他们将博士教育期间所获得的知识传播到所工作的单位，成为知识传播的重要媒介。尤其是通过对博士教育的分析，博士生在读期间的学术贡献也越来越被学术界所关注，成为学术界不可忽视的力量。博士生，尤其是理工科博士生常常被博士培养单位评价为科研队伍的重要生力军。如果我们检视博士生的学术生产力，很容易就能发现博士生是知识生产环节的主要人群之一。总之，不论研究生教育，还是本科生教育，教学与科研是相互依赖、相互促进、不可分离的统一体。因此，必须正确处理教学和科研关系，将二者有机结合起来，以科研促进教学，深化教学改革，优化课程体系，更新教学内容，提高人才培养质量。

第四，将科教结合作为提升创新精神和培育创新文化的有效方式。创新的主体是人，有什么样的人才就能做出什么样的创新活动，文化的本质是“以文化人”，就是要影响人、教育人和感染人，要提高人的素质、塑造人的心灵。文化在培养创新型人才中至关重要，作为文化核心要素的价值观，不仅是决定个体和社会组织行为的精神核心，也是促进民族进步的精神力量。创新是人们发现或产生新事物、新思想、新方法的活动，包括观念创新、制度创新、技术创新和管理创新等。开展创新活动首先要依赖于价值观的变革，依赖于文化的变革。文化一方面为创新提供了知识和智力的基础，另一方面为创新提供了思想背景和支撑体系，更重要的是文化还为创新提供了确定其发展方向和发展趋势的价值观及意识形态。因而，文化是创新的基础和精神动力，是创新的灵魂。

第五，推动高等教育机构与科技创新的融合。关于如何培养创新型人才，不同的教育理论倡导不同的教育实践。在整个近代高等教育系统，都存在着“科研—教学—学习”的密切联系。从发达国家建设高等教育强国的经验来看，科学研究与人才培养的有机结合不仅是培养创新人才的最有效途径，更是实施高水平科研的有效组织模式。美国学者认为，正是科学研究与人才培养的有机结合保证了美国高等教育的辉煌和经济的持续竞争力。在德国，高等院校、研究机构和企业的创新能力与研究水平在国际上具有较强的竞争力，各主体间也具有互动合作的传统。为了应对日趋激烈的全球竞争，德国出台了推动包括高校在内的创新主体之间的合作。例如，德国于 2006 年推行的“卓越计划”，旨在通过向博士生培养、科研团队与一流大学建设三个领域提高科研经费的形式，推进德国高水平人才的培养以及科研的发展，提升德国的国际竞争力。尤其在博士生培养方面，“卓越计划”更加提倡大学与校外科研机构进行跨学科协作，“卓越计划”评选出的 39 所研究院中，有 34 所与校外研究机构建立了密切的联系和合作。

随着提升国家科研水平、争夺世界一流人才意愿的增强，如何通过有效的方式将创新人才培养、科研能力提升和创新文化孕育等多元化使命更加有效地结合起来，是当下高等教育学者需要思考和回答的战略问题。在我国，科学研究与人才培养的互动和结合问题尚未引发足够的重视，尤其尚未有太多学者将这一问题纳入国家创新的视角中去研究。科教结合不仅对高校自身的创新具有重要的意义，同时也是高绩效国家知识创新体系建设的重要内容。高校在国家创新中的战略地位得益于其科教结合的组织特性和组织功能，缺乏高校的积极参与将会影响国家创新体系尤其是知识创新体系建设的成效。

最后，加强对世界一流高等教育机构优秀经验的吸收。许多发达国家，不论是“卓越中心计划”，还是“国家引智计划”，各国都在努力保持其在关键领域的国际领先地位。特定研究领域和学科的选择，能准确反映和预测当前世界科技发展的前沿和未来趋势。因此，其一，要建立这一领域的国际高端人才数据库，作为未来人才吸引的重点对象。其二，通过优势资源聚集的“人·科研·平台”这一制度安排，加强这些学科和领域的相对优势和国际引领地位。其三，要具有开放性的视野和观念。世界各国的高等教育的改革，都始终被置于“全球化情境”下，是与全球性改革同步开展的运动，通过将质量评估和学科评估交由国际专业评估委员会的方式，及时获取各国在全球中的地位。其四，强调科学研究与国家战略、市场需求的精准匹配。欧美发达国家始终强调科学研究和人才引进与市场需求的精准匹配和定位。可以将高端人才的引进与高校创新计划的建设紧密结合起来，通过多种创新的模式吸引高科技企业急需的人才等，从而推进科技创新领域的创新和发展。

参考文献

[1]［德］赫尔曼·哈肯．协同学：大自然构成的奥秘［M］．凌复华，译．上海：上海译文出版社，1995.

[2]［美］伯顿·克拉克．研究生教育的科学研究基础［M］．王承绪，译．杭州：浙江教育出版社，2001.

[3]［美］伯顿·克拉克．探究的场所——现代大学的科研和研究生教育［M］．王承绪，译．杭州：浙江教育出版社，2006.

[4]［美］冯·贝塔朗菲．一般系统论：基础、发展与应用［M］．林康义，魏宏森，等译．北京：清华大学出版社，1987.

[5]［美］加里·纳什．美国人民——创建一个国家和一种社会（下）［M］．刘德斌，译．北京：北京大学出版社，2008.

[6]［美］罗杰·L. 盖格．增进知识——美国研究型大学的发展（1900—1940）［M］．王海芳，等译．保定：河北大学出版社，2008.

[7] 敖勇，林爱华．眼科学硕士研究生生源情况对培养质量的影响［J］．中华医学教育杂志，2006（4）.

[8] 白华，兰玉．试论金融危机背景下澳大利亚高等教育改革［J］．黑龙江高教研究，2013（1）.

[9] 边国英．科研过程、科研能力以及科研训练的特征分析［J］．教育

学术月刊，2008（5）.

[10] 陈珊，王建梁．导师指导频率对博士生培养质量的影响——基于博士生视角的分析和探讨［J］．清华大学教育研究，2006（3）.

[11] 董泽芳．博士生创新能力的提高与培养模式改革［J］．高等教育研究，2009（5）.

[12] 范皑皑，沈文钦．什么是好的博士生学术指导模式？——基于中国博士教育调查数据的实证分析［J］．学位与研究生教育，2013（3）.

[13] 冯蓉，牟晖．博士生导师在构建和谐导学关系中的作用研究——基于北京市10所高校的调查［J］．研究生教育研究，2014（2）.

[14] 高锡荣，等．研究生科研能力提升因素及作用机理分析［J］．高校教育管理，2015（2）.

[15] 巩亮，等．研究生科研能力的结构与评估［J］江苏高教，2015（4）.

[16] 巩亮，等．研究生科研能力影响因素实证研究［J］．学位与研究生教育，2014（12）.

[17] 古继宝，蔺玉，张淑林．顶尖博士生科研绩效的影响因素研究［J］．科学学研究，2009（11）.

[18] 黄海刚．从声望排名到质量改进：美国博士生教育评估模式的改进［J］．比较教育研究，2012（1）.

[19] 季俊杰．优秀研究生科研能力的影响因素与启示［J］．研究生教育研究，2013（2）.

[20] 季丽丽，范秀珍，程敏，等．护理硕士研究生科研能力的非智力影响因素分析［J］．中华护理杂志，2013（3）.

[21] 李海生. 我国研究生院高校导师队伍现状及思考［J］. 学位与研究生教育，2015（9）.

[22] 李艳丽，王俊，胡涛，等. 构建以科研为导向的博士生选拔和激励机制——基于博士生科研绩效测度和影响因素的分析［J］. 学位与研究生教育，2014（8）.

[23] 孟万金. 研究生科研能力结构要素的调查研究及启示［J］. 高等教育研究，2001（6）.

[24] 任佩瑜，张莉，宋勇. 基于复杂性科学的管理熵、管理耗散结构理论及其在企业组织与决策中的作用［J］. 管理世界，2001（6）.

[25] 任婷，秦静. 导师指导与博士生培养质量分析［J］. 世界教育信息，2012（2）.

[26] 任羽中. 重读《争取学术独立的十年计划》［J］. 北京大学学报，2008（5）.

[27] 宋晓平，梅红. 博士生培养过程中师生互动关系研究——基于博士研究生的视角［J］. 中国高教研究，2012（8）.

[28] 王彩霞. 博士研究生科研能力评价指标体系及评价方法［D］. 西南交通大学，2006.

[29] 王东芳. 博士教育中的师生关系：学科文化视角的解读［J］. 比较教育研究，2015（6）.

[30] 王东芳. 博士教育中师生科研合作的学科差异［J］. 高等教育研究，2014（2）.

[31] 吴明隆. 问卷统计分析实务——SPSS 操作与应用［M］. 重庆：重庆大学出版社，2010.

[32] 张力. 产学研协同创新的战略意义与政策走向［J］. 教育研究，

2011（7）.

[33] 张淑林，蔺玉，古继宝．提高博士生科研绩效的途径探析［J］．学位与研究生教育，2009（8）.

[34] 周昌忠．创造心理学［M］．北京：中国青年出版社，1983.

[35] 周作宇．协同创新政策的理论分析［J］．高教发展与评估，2013，（1）.

[36] Abbe H. Herzig.Where Have All the Students Gone？［J］. Educational Studies in Mathematics，2002（50）.

[37] Allan M.Cartter.An Assessment of Quality in Graduate Education［R］. Washington.D.C：American Council on Education，1966.

[38] Ami Rokach.Higher Education in Israel：An Overview［J］. International Journal of Leadership and Change，2016（4）.

[39] Astin. A.W. What Matters in College ？ Four Critical Years Revisited［M］. San Francisco：Jossey-Bass，1993.

[40] Atwell，R.H.，Doctoral Education Must Match the Nation's Needs and the Realities of the Marketplace［J］.The Chronicle of Higher Education，1996（14）.

[41] Aura L. Paglis，Stephen G. Green，Talya N. Bauer. Does Adviser Mentoring Add Value？ A Longitudinal Study of Mentoring［J］. Research in Higher Education，2006（47）.

[42] Aura L. Paglis，Stephen G. Green，Talya N. Bauer. Does Adviser Mentoring Add Value？ A Longitudinal Study of Mentoring［J］. Research in Higher Education，2006（47）.

[43] Babbit，Victoria，Elizabeth Rudd，Emory Morrison，Joseph Picciano，

Maresi Nerad.Careers of Geography Ph.D.s: Findings from Social Science Ph.D.s—Five Years Out [R] . Washington.D.C: CIRGE Report, 2008.

[44] Bair, Haworth. Doctoral Student Attrition and Persistence [J] . Higher Education: Handbook of Theory and Research, 1999 (XIX) .

[45] Barnes B, Austin A. The Role of Doctoral Advisors: A Look at Advising from the Advisor's Perspective [J] . Innovative Higher Education, 2009, 33.

[46] Bell–Ellison B, Dedrick R. What do Doctoral Students Value in Their Ideal Mentor ? [J] . Research in Higher Education, 2008 (49) .

[47] Berelson, B.Graduate Education in the United States [M] .New York: McGraw–Hill, 1960.

[48] Bernard Berelson.Graduate Education in the United States [M] . New York: McGraw–Hill, 1960.

[49] Bernier A, Larose S, Soucy N. Academic Mentoring in College: The Interactive Role of Student's and Mentor's Interpersonal Dispositions [J] . Research in Higher Education, 2005, 46 (1) .

[50] Carter F.J.Quality of Life Adjustment, and Stress among Graduate Students [D] .Nashville: George Peabody College of Vanderbilt University.1983.

[51] Catalogue of the Officers and Students in Yale College 1860–61 [R] . New Haven: Yale University Press, 1860.

[52] Cohen E, Davidovich N. Higher Education between Government Policy and Free Market Forces: The Case of Israel [J] . Economics and Sociology, 2015, 8 (1) .

[53] Cohen E，Davidovitch N. Regulation of Academia in Israel：Legislation，Policy，and Market Forces [J] . Journal of Education & Learning，2016（5）.

[54] Council of Graduate Schools. An Approach to Good Supervisory Practice [M] . Washington.D.C.：CGS，1990.

[55] Council of Graduate Schools. Graduate School and You [Z] .Washington. D.C.：CGS，1989.

[56] Council of Graduate Schools. The Role and Nature of the Doctoral Dissertation [R] . Washington.D.C.：CGS，1991.

[57] Davidovitch N，Iram Y. Models of Higher Education Governance：A Comparison of Israel and Other Countries [J] . Global Journal of Educational Studies，2015，1（1）.

[58] Davidovitch N，Iram Y. Regulation，Globalization，and Privatization of Higher Education：The Struggle to Establish a University in Israel [J] . Journal of International Education Research，2014，10（3）.

[59] Durant，W.The Story of Civilization（VI）：The Reformation [M] . New York：Simon and Schuster，1957.

[60] Ernest V.Hollis.Toward Improving Ph.D. Programs [R] . Washington. D.C.：American Council on Education，1945.

[61] Felder P. On Doctoral Student Development：Exploring Faculty Mentoring in the Shaping of African American Doctoral Student Success [J] . The Qualitative Report，2010，15（2）.

[62] Gail L. Rose. Enhancement of Mentor Selection Using the Ideal Mentor Scale [J] . Research in Higher Education，2003（44）.

[63] Galassi J P, Brooks L, Stoltz R F. Research Training Environments and Student Productivity [J]. The Counseling Psychologist, 1986, 14 (1).

[64] Gnanaraj Chellaraj, Keith E.Maskus, Aadita Mattoo. The Contribution of Skilled Immigration and International Graduate Students to U.S Innovation [M].Boulder: Department of Economics University of Colorado Boulder, 2005.

[65] Hall L, Burns L. Identity Development and Mentoring in Doctoral Education[J]. Harvard Educational Review, 2009, 79 (1).

[66] Harmon, Lindsey.A Century of Doctorate: Data Analysis of Growth and Change [R].Washington.D.C.: National Academy Press, 1978.

[67] Hayward Keniston.Graduate Study in Research in the Arts and Sciences at the University of Pennsylvania [R].Philadelphia: University of Pennsylvania Press, 1959.

[68] Howard Tuckman, Susan Coyle, Yupin Bae. On Time to the Doctorate: A Study of the Lengthening Time to Completion for Doctorates in Science and Engineering [R]. Washington.D.C.: National Academy Press, 1990.

[69] Hugh Hawkins, Pioneer. A History of the Johns Hopkins University [M]. Ithaca: Cornell University Press, 1960.

[70] J.Katz, R.T.Hartnett.Scholars in the Making [M].Cambridge: Ballinger, 1976.

[71] Jamal Abedi, Ellen Benkin.The Effects of Students' Academic, Financial, and Demographic Variables on Time-to-doctorate [J].

Research in Higher Education，1987（17）.

[72] James D.Adams，John Marsh，J.Roger Clemmons.Research，Teaching and Productivity of the Academic Labor Force [R] .New York：Department of Economics at Rensselaer Polytechnic Institute，2005.

[73] Jones LV，Lindzey G，Coggeshall PE.An Assessment of Research-Doctorate Programs in the United States [R] . Washington.D.C.：National Academy Press，1982.

[74] Jones，E.，Beyond Supply and Demand：Assessing the Ph.D.Job Market [J] . Occupational Outlook Quarterly，2003（4）.

[75] Joseph Price. Marriage and Graduate Student Outcomes [R] .Ithaca：Cornell Higher Education Research Institute，2005.

[76] Laurence R.Veysey.The Emergence of the American University [M] . Chicago and London：The University of Chicago Press，1965.

[77] Lechuga V. Faculty-graduate Student Mentoring Relationships：Mentors' perceived roles and responsibilities [J] . Higher Education，2011，62.

[78] Levinson，D.J. The Seasons of Man's Life [M] . New York：Alfred A. Knopt，1978.

[79] Maher M，Ford M，Thompson C. Degree Progress of Women Doctoral Students：Factors that Constrain，Facilitate，Differentiate [J] . The Review of Higher Education，2004，27（3）.

[80] Mainhard T，Rijst R，Tartwijk J，Wubbels T. A Model for the Supervisor-Doctoral Student Relationship [J] . Higher Education，2009（58）.

[81] Maresi Nerad.Postdocs：What We Know and What We Would Like to

Know [R] . Washington.D.C.: Commission on Professionals in Science and Technology, 2002.

[82] Menahem G. The Transformation of Higher Education in Israel since the 1990s: The Role of Ideas and Policy Paradigms [J] . Governance, 2008, 21 (4) .

[83] Michael Shalev. Have Globalization and Liberalization "Normalized" Israel's Political Economy ? [J] . Israel Affairs, 1998, 5 (2–3) .

[84] Michelle Mollica, Lynne Nemeth.Outcomes and Characteristics of Faculty/Student Mentorship in PhD Programs [J] . American Journal of Educational Research, 2014, 2 (9) .

[85] N Cohen. A Web of Repatriation: The Changing Politics of Israel's Diaspora Strategy [J] . Population, Space and Place, 2016, 22 (3) .

[86] N Cohen. Come Home, Be Professional: Ethnonationalism and Economic Rationalism in Israel's Return Migration Strategy [J] . Immigrants &Minorities, 2009, 27 (1) .

[87] N Cohen. From Nation to Profession: Israeli State Strategy Toward Highly–skilled Return Migration, 1949—2012 [J] . Journal of Historical Geography, 2013, 42 (4) .

[88] Naama Teschner.Information about Israeli Academics Abroad and Activities to Absorb Academics Returning to Israel [R] . Jerusalem: The Knesset Research and Information Center, 2014.

[89] Naama Teschner.Information about Israeli Academics Abroad and Activities to Absorb Academics Returning to Israel [R] . Jerusa/em:The Knesset Research and Information Center, 2014.

[90] National Research Council, Office of Scientific and Engineering Personnel. The Path to the Ph.D: Measuring Graduate Attrition in the Sciences and Humanities [R]. Washington.D.C.: National Academy Press, 1996.

[91] Paglis L, Green S, Bauer T. Does Adviser Mentoring add Value ? A Iongitudinal Study of Mentoring and Doctoral Student Outcomes [J]. Research in Higher Education, 2006, 47 (4).

[92] Rodney T. Hartnett, Joseph Katz. The Education of Graduate Students [J]. The Journal of Higher Education, 1977 (48).

[93] Roger L.Geiger.Private Sectors in Higher Education: Structure, Function and Change in Eight Countries [M]. Ann Arbor: University of Michigan Press, 1986.

[94] Roose, Kenneth D., Charles J. Andersen. A Rating of Graduate Programs [R].Washington.D.C.: The American Council on Education, 1970.

[95] S.C. Carr, K. Inkson.K. Thorn, from Global Careers to Talent Flows: Reinterpreting the Brain Drain [J]. Journal of World Business, 2005 (40).

[96] Sergio Aguilar–Gaxiola, Raymond C.Norris, Grances J.Carter.The Roles of Mentors in the Lives of Graduate Students [M].New Orleans: Educational Research Association, 1984.

[97] Susan K. Gardner. Fitting the Mold of Graduate School: A Qualitative Study of Socialization in Doctoral Education [J].Innovation Higher Education, 2008 (33).

[98] The Council for Higher Education, The Planning and Budgeting Committee. The Higher Education System in Israel [R] .Jerusalem: CHE&PBC, 2014.

[99] Todd M. Davis, Patricia H. Murrell. A Structural Model of Perceived Academica, Personal and Vocational Gains Related to College Student Responsibility [J] . Research in Higher Education, 1993, 24 (3) .

[100] Vivian Weil.Mentoring: Some Ethical Considerations [J] .Science and Engineering Ethics, 2007 (7) .

[101] Volenski, A.After "the Lost Decade": Higher Education in Israel–Where to? [R] . Tel Aviv: Taub Centre for Social Policy Research, 2012.

后 记

随着第四次工业革命的不断深入发展，世界经济和社会发展迅速发展，高等教育的改革也在不断向前推进。在高等教育改革过程中，不同国家的高等教育传统和历史也孕育了不同的教育改革理念、不同的人才培养模式，各个国家在如何培养科技创新人才方面也有着差异化的实践经验。伴随着全球化和知识经济向纵深化发展，高端人才日益成为国家实现科技创新和经济发展的核心竞争力，人才培养的科教协同发展模式成为推进创新发展的重要政策工具，也是中国高等教育研究领域的研究热点之一。本书是近些年本人及同事们在科教协同发展、高等教育创新发展、博士人才培养等多方面的研究成果的汇总，以国际与比较研究的视角，对科教协同发展以及创新人才培养做了比较系统的梳理和研究。

本书的完成也是集体研究的成果，参与研究工作的人员包括：对外经济贸易大学的黄海刚研究员、中央民族大学的白华副教授、上海电机学院的史铭之副研究员，他们都是研究高等教育、创新人才培养、国际比较教育等领域的青年学者。具体研究分工如下：第一章、第二章由苑大勇撰写；第三章由苑大勇、黄海刚撰写；第四章由苑大勇、白华撰写；第五章由史铭之撰写；第六章由苑大勇、黄海刚撰写；第七章由苑大勇、黄海刚、白华撰写，全书由苑大勇进行统稿。在本书出版过程中，感谢各位审稿专家提出的修改意见，尤其要感谢知识产权出版社王颖超等各位编辑认真负责的工作，这里一并致谢！

在研究和撰写的过程中，各位作者之间进行过多次研讨和交流，感谢每一位团队成员的支持。在研究过程中，相关的选题得到了国家社会科学基金等多个资助项目的支持，部分成果已在学术期刊发表，文中做了相应的标注，并在成书时做了必要的修改和调整。当前中国的高等教育进入了“双一流”建设的发展阶段，并随着中美两国博弈的加剧，中国的科技创新人才培养面临新的挑战。本研究是一个阶段性成果，期待未来在本书的基础上产生更多的研究成果，为中国的高等教育人才战略提供更多的支持。

苑大勇

北京外国语大学国际教育学院

2020年7月1日